プロフェッショナル ピラーティス

著者 アラン・ハードマン

翻訳 池田 美紀

ガイアブックスは
地球の自然環境を守ると同時に
心と身体の自然を保つべく
"ナチュラルライフ"を提唱していきます。

An Hachette UK Company
www.hachette.co.uk

First published in Great Britain
in 2014 by Gaia, a division of
Octopus Publishing Group Ltd
Endeavour House,
189 Shaftesbury Avenue
London WC2H 8JY
www.octopusbooks.co.uk
www.octopusbooksusa.com

Copyright © Octopus Publishing 2014
Text copyright © Alan Herdman 2014

All rights reserved. No part of
this work may be reproduced or
utilized in any form or by any means,
electronic or mechanical, including
photocopying, recording or by any
information storage and retrieval
system, without the prior written
permission of the publisher.

Alan Herdman asserts the moral right
to be identified as the author
of this work.

本書は、しかるべき配慮をしたうえで制作しているが、本書に含まれる情報は医師による診察に代わるものではない。健康法を変更する際はつねに医師に相談すること。本書で解説したエクササイズは、正しく実践すれば安全であるが、健康状態に不安がある場合は専門家の助言を得ること。本書に掲載された理念や情報を利用するときは自己の判断のもとで行い、その責を負うこと。

目次

はじめに 4

ピラーティスの基礎　6
- ピラーティスの歴史 8
- 主な原則 12
- 視覚的イメージを活用する 14
- 生活全体からのアプローチ 16
- ピラーティスはだれが行うべきか？ 18
- 動きを説明するための用語 20
- 主な動きのタイプ 22
- 骨と関節 26
- 筋 32
- 呼吸 42
- 姿勢 46

プレピラーティス・エクササイズ　54
- 半仰向けのエクササイズ 56
- うつぶせのエクササイズ 70
- 半仰向けの腹筋のエクササイズ 80
- バランスボールを使ったエクササイズ 90
- 側臥位のエクササイズ 96
- ヒップ・ロール・エクササイズ 108
- 手と膝をついたエクササイズ 114
- 座位の上部体幹のエクササイズ 120
- ハンドウェイトを使ったエクササイズ 130
- 脚のワーク 136
- ストレッチ 144

オリジナルの34のエクササイズ　150
1. ハンドレッド 152
2. ロールアップ 154
3. ネック・プル 156
4. スパイン・ツイスト 158
5. ソウ 160
6. ロールオーバー 162
7. ローリング・ライク・ア・ボール 164
8. オープンレッグ・ロッカー 166
9. ティーザー 168
10. レッグ・サークル 170
11. シングル・レッグ・ストレッチ 172
12. ダブル・レッグ・ストレッチ 176
13. スパイン・ストレッチ・フォワード 178
14. コークスクリュー 180
15. スイミング 182
16. 修正版スワン・ダイブ 184
17. シングル・レッグ・キック 186
18. ダブル・レッグ・キック 188
19. シザーズ 190
20. バイシクル 192
21. ショルダー・ブリッジ 194
22. ジャックナイフ 196
23. サイド・キック 198
24. 腕を伸ばしたヒップ・ツイスト 200
25. レッグ・プル・フロント 202
26. レッグ・プル・バック 204
27. ニーリング・サイド・キック 206
28. サイド・ベンド 208
29. ブーメラン 210
30. シール 212
31. コントロール・バランス 214
32. プッシュアップ 216
33. クラブ 218
34. ロッキング 219

ピラーティスの開業　220
- 独立開業の基礎 222
- クライアントの評価 228
- マットワーク・クラスの運営 231
- クライアントとの関係 232
- 初心者向けのプログラム 234
- 下背部に不調がある人向けのプログラム 238
- 股関節に不調がある人向けのプログラム 240
- 膝に不調がある人向けのプログラム 242
- 腹筋のクラス 244
- 脚のワークアウト 246
- 妊娠中のピラーティス 248
- とても健康な人向けの上級ワークアウト 249
- ピラーティスの未来 252

参考文献 254

索引 254

はじめに

はじめに

体の強化と調整を目的としたユニークな体系をジョゼフ・ピラーティスが考案してから、
100年以上のときが経ちました。しかし、ピラーティス・メソッドはいまなお普及しつづけていて、
ピラーティスを教えるスタジオは世界各地に増えています。
流派はいろいろありますが、どのスタジオも、
ピラーティスがこれほどまでの成功を収める要因となった基本原則の上に成り立っています。

　本書はピラーティスを深く学びたい方、いずれは教えたいという方を対象にしています。構成としては、まずピラーティスの基本情報を概観します。次に、体の動きの理解に欠かせない、解剖学を学びます。とはいえ、本書の中心テーマはエクササイズです。紙に描かれた図表で筋を認識するのと、その筋を正しく動かす方法を他人に教えるのとでは、天と地ほどの違いがあるからです。

　私のピラーティスのスタイルは現代風です。簡単なエクササイズからはじめ、個人の体型に合わせてエクササイズを修正することもあります。プレピラーティス・エクササイズはピラーティスのオリジナルの原則に従っていますが、今どきの問題に対応できるようエクササイズを修正したほか、体の動き方に関する現代の知見を取り入れています。ジョゼフ・ピラーティスの34のオリジナルのエクササイズについては、安全性を高め、現代人の体格に合わせるため、私のスタジオで取り入れている修正も紹介しました。

　ピラーティスを教えたい方も、ご自身の修練のために学ぶ方も、自分が使う筋群とその動かし方を理解し、エクササイズを正確に実践できなければなりません。すでにある程度の知識をもっている方も、解剖学の項はぜひ丁寧に学んでください。

エクササイズを行うときに、各エクササイズが生理学的に機能する仕組みや理由を正しく理解してほしいからです。そのうえで、一般の健康な人、あるいは特別な症状を抱えている人に、エクササイズの効果を個別に説明できるようになるとよいでしょう。

　本書ではこのほかに、正しい動きを視覚化するためのヒントや、禁忌に関する情報、筋が弱化したりけがをしたりしたクライアント用の修正についても紹介します。ステップごとの写真を掲載したので、正しいポジショニングもしっかり理解できるでしょう。さらには、さまざまな健康状態のクライアント向けのレッスン・プランの立て方や、ピラーティス・スタジオを開業し、軌道に乗せる方法も助言します。

　本を1冊読んだくらいでピラーティスのすべてを習得することはできません。スタジオでのエクササイズはなにものにも代えがたいからです。しかも、スタジオでは教師があなたの動きを修正してくれるし、他人をはげまして応援する方法も学べます。それでも、本書が入門書の役割を果たし、ひいては今後も折に触れて開く参考書のような存在になれば、大変嬉しく思います。

ピラーティスの基礎

20世紀にジョゼフ・ピラーティスが考案したエクササイズ体系は、人体の動きの徹底的な理解のうえに成り立っていました。彼はこの知識を通じて、筋を正確に、かつ直観にしたがって動かす方法を開発し、筋にストレスや圧力をかけることなく筋を独立させ、体の完璧なアライメントを保ったまま動かせるようにしたのです。この章では、ピラーティス・メソッドを考案した非凡な人物の生涯、彼のエクササイズ体系の土台をなす原則、そして解剖学の知識を解説します。エクササイズを正確に実践し、他人に教えられるようになるためには、ぜひこれらの知識を習得してください。

ピラーティスの歴史	8
主な原則	12
視覚的イメージを活用する	14
生活全体からのアプローチ	16
ピラーティスはだれが行うべきか？	18
動きを説明するための用語	20
主な動きのタイプ	22
骨と関節	26
筋	32
呼吸	42
姿勢	46

ピラーティスの歴史

ジョゼフ・ピラーティスの生涯はインスピレーションに満ちています。彼は子どもの頃、深刻な病気に苦しみましたが、後に体を鍛え上げ、健康法の父と呼ばれるまでになりました。その後、信頼できない政権のために働くのを拒んで大西洋を渡り、ニューヨークにスタジオを開設します。彼はそこで、コントロロジーと名づけたエクササイズ法を教えました。私たちが現在ピラーティスと呼んでいる体系です。

ジョゼフ・ヒューベルトゥス・ピラーティスは1883年、デュッセルドルフで生まれました。ライン川沿いの重要な港町にして、ドイツ北西部の産業の中心地として後に急成長した町です。子どもの頃は病気がちで体が弱く、幼い体はゆがみ、成長も妨げられていました。一説によるとくる病やリウマチ熱、喘息があり、肺結核にかかったら大変だと心配されていたそうです。抗生物質がまだ発見されていなかった当時、肺結核は死亡率が高い病気だったのです。

19世紀末、ドイツではスパの人気が徐々に高まっていました。また、新鮮な空気を吸い、たくさん運動をすれば病気の予防と治癒に役立つと、考えられるようになりました。ピラーティスが小学校にあがる頃には、体をコントロールし、体力をつけ、持久力や体の使い方を高める方法として、ジムナスティックと呼ばれる体系がもてはやされていました。ドイツの学校の一部

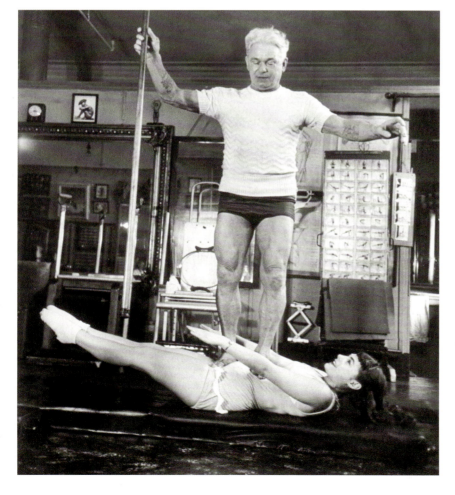

メソッドの改良
ジョゼフ・ピラーティス（この写真では白髪）は、ダンサー、俳優、歌手などの協力を得て、みずからのテクニックを完成させました。強いコア筋が必要だったからです！

19世紀の体操

当時は少なくとも2つのエクササイズ体系が人気でした。ジョゼフ・ピラーティスも幼い頃に親しんだことでしょう。19世紀初頭、ドイツ人のフリードリッヒ・ヤーンが、古代ギリシャの運動法をもとに戸外の体操プログラムを開発しました。彼はのちに体操用の器械を設計し、体力増強、フィットネス、そして幸福の達成を目標に掲げました。ヤーンは「体育の父」とも呼ばれています。ほぼ同じ頃、スウェーデン人のパー・ヘンリック・リンはジムナスティックという体系を考案し、リズムと流れるような動きを重視しました。これはのちに美容（スウェーデン）体操と呼ばれます。

グループ体操
19世紀には、健康であるためには体力とフィットネスの両方が大切であることがわかってきました。

で授業に取り入れられたほどでした。

ピラーティスは、エクササイズを通じて「治癒する」という考え方にひかれ、懸命に体力をつけ、病気による脚や脊椎のゆがみを矯正しました。おかげで14歳のときには筋がみごとに発達し、解剖図のモデルを頼まれるほどでした。

彼はまた、体操のほかにもダイビングやスキーを楽しみました。10代の終わりにはボクシングや自己防衛の訓練も始めます。20代の頃はプロのボクサーや自己防衛のインストラクターとしてドイツで働きました。そして1912年にイングランドに渡り、サーカスのパフォーマーとしても腕を磨きました。イギリスの警察官に自己防衛を教える仕事や、マックス・シュメリングというボクサーのコーチの仕事も得ます。彼の人生は体力作りに捧げられたのです。こうして、彼の進むべき道が決まりました。

第一次世界大戦（1914-1918）

1914年に第一次世界大戦が開戦したとき、ピラーティスは敵性外国人としてまずランカスターに、その後は終戦までマン島に収容されました。彼はこの時期に健康やフィットネスについての考えを深め、収容所の仲間に自分のやり方を勧めました。マン島では病院で傷病兵の介護にあたりました。そのなかで、ベッドの端に取りつけたベッドスプリングを使うエクササイズ体系を編みだし、患部を痛めずに筋力を回復できるようにしたのです。

1918-1919年、ヨーロッパ全土でインフルエンザが猛威をふるい、2000万もの人が亡くなりました。第一次大戦の戦死者数の2倍以上にあたる数です。ピラーティスが介護した患者はけが人で人一倍感染症に弱かったはずなのに、おもしろいことにだれもインフルエンザにかかりませんでした。それまで実践してきたフィットネス法のおかげだと、多くの人が考えました。

戦間期

戦後、ピラーティスはドイツに帰国し、ラバノーテーションという舞踊記譜法の開発で有名なルドルフ・フォン・ラバンと出会います。ピラーティスはこのとき初めて舞踊業界に接し、この業界となら有意義な共同作業ができると気づきました。ダンサーは大きな負荷をかけながら体を正確に動かさなければならないうえ、けがのリスクがつきものだからです。ピラーティスはけがの予防や治癒に役立つ方法をダンサーに伝えました。

ピラーティスの手法は時代の波に乗りました。1925年、パー・ヘンリック・リンのジムナスティックをテーマにした映画が公開され、ドイツ全土に数十ものフィットネスセンターができました。ピラーティスの評判も広まり、彼は警察官の訓練という仕事も獲得できたのです。1926年、彼はドイツ軍の先鋭部隊を訓練するようドイツ皇帝に依頼されます。ところが生来の平和主義者であるピラーティスは、その仕事を受ける気になれませんでした。当時は軍国主義的な雰囲気を嫌い、ドイツを離れる人が大勢いました。ピラーティスの昔からのクライアントであるボクサーのマックス・シュメリングも、ニューヨークに移住することになりました。彼のマネージャーは、ピラーティスも同行してマックスの訓練を続けてくれるならピラーティスにスタジオを用意すると申し出ます。ピラーティスはそれを受け、新大陸アメリカで新しい暮らしを始めることにしました。彼は42歳でした。

アメリカへの移住

　1926年4月、ピラーティスは大西洋を渡る航海でも人生を変える大きな出来事を経験します。クララという若い女性と出会ったのです。彼女は看護師だったとも、幼稚園の教師だったとも言われています。2人は恋に落ちて結婚しました。そしてクララはピラーティスの右腕として、スタジオの仕事のほか、出版や社交も手伝いました。

　シュメリングのマネージャーは8番街939番地にピラーティスのスタジオを用意しました。世界恐慌の真っ只中でしたが、ピラーティスはなんとかクライアントを集め、暮らしていけるだけの収入を得ました。彼の周囲では企業が次々と倒産し、銀行も破綻しましたが、ピラーティスはなぜか難局を乗り切り、名声を高めます。その頃、彼はダンスカンパニーを主催するテッド・ショーンとルース・サンデニスというダンサーと知り合いました。そして、彼らがジェイコブズ・プレイスにダンス・センターを設立するのに手を貸します。こうしてピラーティスは舞踊業界と強いコネクションを作り上げました。舞踊業界でピラーティスの業績が広まると、ロン・フレッチャー、ハンヤ・ホルム、メース・カニンガム、マーサ・グレアムなど新たな信奉者も現れました。

　1934年、ピラーティスは自分のメソッドに関する小冊子"Your Health"（訳注：日本では"Return to Life"と合わせる形で『コントロロジー：ピラティス・メソッドの原点』として出版）を出版しました。エクササイズの解説ではなく、「心身

左："Your Health"
1934年に出版されたジョゼフ・ピラーティスの処女作。心身のバランスについての彼の哲学が記されています。

下：初期のリフォーマー
ピラーティスは、体重による抵抗にあらがって安全に筋のエクササイズができるよう、これらのマシンを考案しました。

のバランス」を整えて生きるという彼の理論を概説した本です。また、彼のメソッドや理念を無断で使う人々に対する不満もこの本で言及しました。これについては、彼はその後もずっと不満を抱えていました。コントロジーという運動法の噂や、キャデラックやユニバーサル・リフォーマーなどスプリングを組み込んだマシン（p.19を参照）を開発したという噂、そして体が弱く、けがをしたクライアントも彼の手にかかれば記録的な早さで回復するという噂が広まると、ピラーティスはますますねまされるようになりました。

コントロジーの技術

　メソッドを盗まれることを恐れたのか、ピラーティスはエクササイズ体系に関する本は1冊しか出版しませんでした。1945年に出版された"Return to Life Through Contrology"です。この本では、"Your Health"で概説した原則をさらに詳しく記したほか、読者自身で体をコントロールできるよう34のマットワーク・エクササイズ（p.150-219を参照）のリストを掲載しています。そして「理想的には、筋は意思に従う」、「理論的には、意思は筋反射に支配されない」と記しました。

　ピラーティス本人が「34」のエクササイズを実践する映像を見ると、現在広く普及しているピラーティスのスタイルに比べ、彼の体系がいかにむずかしく、極端だったかがわかります。彼は、脊椎は完全にフラットであるべきで、床に横たわったときは脊椎を地面に押しつけるべきだと信じていました。クラシック・ピラーティスのスタンスでは、膝をロックし、大腿を外旋し、臀部をぎゅっと引き締めるのです。

　ピラーティスが1967年に亡くなるまでにメソッドを伝授したインストラクターは、ロン・フレッチャー、カローラ・トリーア、ロマナ・クリツノフスキー、イブ・ジェントリーなど6人ほどしかいません。弟子の中には彼のもとを離れて開業した人もいます。私はフレッチャーとトリーアに師事したのち、1970年にロンドンで開業しました。ピラーティスの妻クララはピラーティスの遺志を受け継ぎ、1977年に亡くなるまで8番街のスタジオを運営しました。

　1980年、ピラーティス・メソッドを初めて包括的に紹介した書籍"The Pilates Method of Physical and Mental Conditioning"を、アイゼンとフリードマンが出版しました。ピラーティスの原則を述べ、「34」を含む基礎的なマットワーク・エクササイズを解説し、ジョゼフ・ピラーティスが提唱した体系の歴史を記録しました。

　ピラーティスがみずからの理念を守れなくなると、弟子の一部は彼のメソッドに自分のメソッドを加え、新しいスタイルを生み出しました。過去40年、さまざまなエクササイズ体系が生まれては消えました。人体の理解も当時よりはるかに深まりました。とくに今では、脊椎を無理にフラットにするのはよくないことや、関節を「ロック」するより「柔らかく」しておいたほうが

安全だということもわかっています。さらに、人々のライフスタイルも変わり、当時より座る時間が長くなっています。西洋ではパソコンを使って仕事をする人が増え、車を使う時間も長くなり、毎日何時間も座ってテレビを見ます。こうした変化を受け、現在では背部の不調が、病気の主な原因になっています。これは姿勢の悪さや筋の不使用が原因で筋がかたまり、短縮するからです。

　ジョゼフ・ピラーティスは、今も存命であればエクササイズの改良を続け、現代の知識を取り込みながら現代特有の問題に対処したでしょう。同時に、彼の名を使って指導する場合は、彼の最新のメソッドを徹底的に学ぶよう主張したでしょう。

正しいアライメント　ピラーティスのインストラクターがクライアントのポジションを直すのは、適切な筋を使って運動するためです。

現代のピラーティスのスタイル

ピラーティスには、難易度の高いものから低いものまでさまざまなスタイルがあります。オリジナルのエクササイズのバリエーションがあるうえに、新しいエクササイズは無数にあります。1980年代まではアメリカ西海岸、アメリカ東海岸、イギリスの3タイプが主流でした。1990年代になるとそれぞれ「ハード」、「ソフト」、「リハビリテーション」に名前を変えます。現在ではピラーティスのオリジナル・エクササイズを使う「レパートリー・アプローチ」と、個人差が出るワークをする「モダン・ピラーティス」の2つに大別できます。

主な原則

ピラーティスは単なるエクササイズ集ではありません。体の使い方を意識することを目指します。基本原則は本書を最後まで読めばわかりますが、ここでは最も一般的な原則について簡単に触れておきましょう。

ピラーティスでは、姿勢やアライメントを確認し、主要な筋群を使い、正しい呼吸に集中し、運動しながら回数を数えるよう指示されます。初めてピラーティスを学ぶときには圧倒されるでしょう。しかもこれらを同時にやるというのですから！ しかし、さまざまなことがらに集中するのは、ストレスの多い現代の生活を矯正するにはうってつけの方法です。ピラーティスのクラスに出席しながら、心の中で銀行宛ての文書や夕食の献立を考えることなどできません。体が今やっていること以外について考える余裕などないのです。

初心者は、すべてを一度にこなそうとして壁にぶつかることがあります。むずかしければ、まずは呼吸パターンを気にせずに、簡単なエクササイズを試せばいいのです。ただし、2-3セッションやったあとは、必ず呼吸パターンを導入してください。生徒が反復回数のカウントに手間取っているようなら、先生が代わりにカウントしてもかまいません。生徒がエクササイズのリズムをつかめば、意識しなくてもできるようになります。

ピラーティスでは、ピラーティスの原則の教え方や使う表現は教師によって異なります。けれども、伝えたいメッセージは同じです。ピラーティスは心と体に働きかけるものであり、エクササイズを正しく行うためには心身ともに使わなければなりません。以下に、エクササイズの基本原則を紹介します。

集 中

ピラーティス・エクササイズでは、エクササイズに没頭しなければなりません。筋を正しく動かすのはあなたの心だからです。使っている筋に注意を向けると「筋記憶」が形成され、次回以降その動作をやりやすくなります。

コントロール

ピラーティスにはいい加減な動きや適当な動きはありません。そんな動きはけがにつながるからです。また、シーケンスを早く終わらせようと急いではいけません。エクササイズはゆっくりと、気持ちを込めて、注意深く行い、大きな動きも小さな動きもあなたの心でコントロールしましょう。

センター

胸郭下部と腰骨の間にある筋は、体のパワーハウスを形成し、正しい姿勢を維持し、動きをコントロールする際の助けになります。センターが強いと脊椎のけがを予防し、骨盤のアライメントを正しく保つことができます。名称はコア、パワーハウス、センターと教師によって異なりますが、どれも同じ部位を示しています。

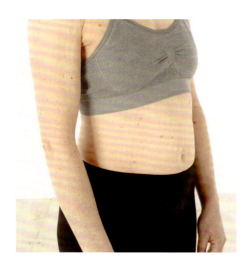 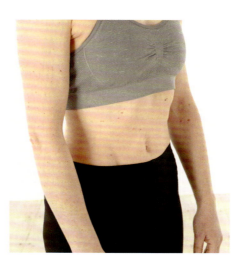

強いセンター 体を固定し、脊椎を守るために腹筋を使う方法は、最初に教える内容の1つです。

主な原則 13

左：鏡に映す ピラーティス・エクササイズを鏡の前でやると、ダンサーのような優雅さを醸し出しやすくなります。

下：呼吸 最初は、集中しなければ呼吸と動きを合わせられないかもしれません。しかし、やがて自然にできるようになります。

流れるような動き

ピラーティス・エクササイズは、速すぎても遅すぎてもいけません。ぎくしゃくしても、ぶつ切りでもいけません。シーケンスを通して、1つの姿勢から次の姿勢にワルツのように優雅に流れるように進めます。

正確性

ピラーティス・エクササイズではどの指示も重要です。細かい指示をおろそかにするとエクササイズの効果があがりません。エクササイズを始める前に、つねにポジションをチェックしましょう。アライメントがわずかにずれただけで、エクササイズは成功しないからです。完璧な動きを1回やるほうが、いい加減な動きを何度も繰り返すよりよほど有効です。「量より質」ということを忘れずに。

呼 吸

深く呼吸すると、肺からよどんだ空気を吐き出し、新鮮な空気で全身に活力を与えることができます。正しく呼吸すると、エクササイズを正確に実行し、完璧にコントロールできるようになり、最大限まで効果をあげることができます。呼吸についてはp.42-45を参照してください。

想像力

目標とする動きを心の目で視覚化できれば、理想に近づくことができます。心の目で動きを想像できれば、体もその通りに動くからです。豊かなイメージや比喩を駆使して生徒に説明すれば、エクササイズの趣旨が伝わりやすくなります。視覚的イメージの使い方についてはp.14-15を参照してください。

直 観

ピラーティスを実践すると、体の声に耳を傾け、体によいことと悪いことを感じとれるようになります。日によって感度は異なるでしょう。それに応じて日々のルーティンを調整してもかまいません。いつもよりストレッチに時間をかけるべき部位もあれば、筋をゆるめるべき部位もあるでしょう。直観を鍛えると、得るものも増えるのです。

協 調

体のある部位を動かすときは、つねに全体を意識するべきです。つねによい姿勢を心がけ、筋を一様に鍛えましょう。姿勢についてはp.46-53を参照してください。

視覚的イメージを活用する

ピラーティス・インストラクターと一口に言っても、華やかで詩的な表現を使う人もいれば、具体的に説明する人もいます。しかし、目的はみな同じです。
ある動きを正しく実践するとどのような感覚が生じるかを伝え、クライアントが
次にその動きをするときにその感覚を思い出せるようなイメージを生み出すことなのです。

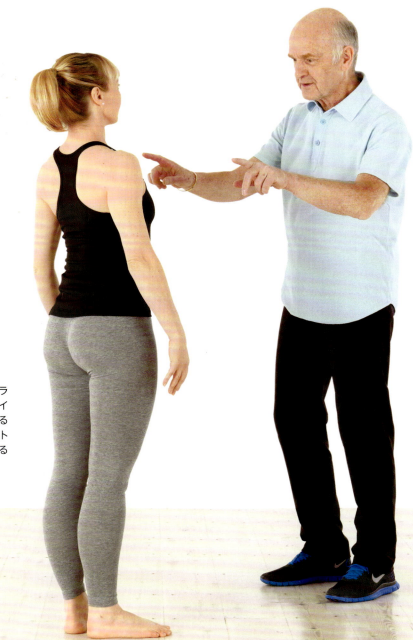

完全な対称性
ピラーティス・インストラクターの役割は、クライアントをよく観察し、するべきことをクライアントにわかりやすく説明することです。

ピラティスの初心者に腹筋を使うよう指導しても、ほとんどは理解できません。「へそを脊椎にえぐるように」と言ったり、骨盤底も使って腰骨と恥骨で「にこちゃんマーク」の口の線を作るよう意識させたりするインストラクターもいるでしょう。私自身はとても正確に、だれもが理解できる言葉を使います。

　"口から息を吐くとき、坐骨、腰骨、肋骨下部（浮肋骨）が中心線に引き寄せられるイメージをもちます。大きな手で腰を包むような感じです。最後に、骨盤や腰椎を動かさずに、へそをやさしく引き下ろします。"

　教え方は人それぞれなので、クライアントの役に立つなら豊かな表現を使ってもかまいません。ジョゼフ・ピラティスは「34」のエクササイズに視覚的な名前をつけました。「ブーメラン」、「シザーズ」、「ジャックナイフ」、「スワン・ダイブ」などは、体が作り出す形をみごとに言い表しています。

　私のスタジオのスタッフは、みな独自のアプローチをします。たとえばある人は「オブリーク・チェスト・リフト」（p.82）を指導するとき、胸を持ち上げてひねり、Tシャツの背面に印刷されたスローガンを脇に立っている人に見せるように、と言います。「シッティング・アダクター」（p.138）では、ビーチで脚を動かして砂をならすように、と言う人もいます。「グルテアル・スクイーズ」（p.72）の指導で、お尻のほっぺたが「互いにキスするように」と伝えていたインストラクターもいました。

　もちろん、助言の内容はクライアントの性別に合わせます（巻いたタオルをブラジャーの線にあてるように、とは男性には言いません）。とはいえ、正確な筋記憶を形成するためであれば、表現にある程度の幅があっていいと思います。

筋を想像する

　私はエクササイズ中、実際に体を動かさずに、その動きについて"考える"よう提案します。たとえば「尾骨が遠くに伸びるところを想像する」、「肋骨の右側をセンターに寄せるところを想像する」と言うのです。想像してみるだけでも、正しい筋を動かし、皮下で起きていることを心の中でイメージしていることになります。

　ターゲットにする筋に指先で触れて、筋記憶を形成する方法もあります。シッティング・アダクター（p.138）をするときに、内太腿に指先を置いてみましょう。筋の項（p.32-41）を読むときは自分の筋を意識し、どうやってそれを動かすかを考えてみましょう。筋の付着部や、筋線維の方向、筋が生み出す運動を心の中に思い描くと、けがをした部位の強化や、姿勢の矯正に役立ちます。

　ピラティス・インストラクターを目指して訓練している人は、自分の教師、自分の性格、日頃よく使う表現方法の影響を受けながら、独自の教え方を編み出すでしょう。クライアントに意図が伝わるのであれば、説明時に使う言葉はチョウチョウでも、「本を広げるように」でも、「船を漕ぐように」でも、マリオネットでも、何でもかまいません。

動きについて考える
チェスト・リフト（p.81）では、顎と胸の間にボールがあると考え、顎と胸のスペースを保つよう意識し、頭ではなく胸骨から上体を持ち上げます。

生活全体からのアプローチ

ピラーティスの目的は、週に1-2回スタジオに通い、エクササイズで筋を鍛えることだけではありません。日常生活で体を意識し、最適な状態を保つために何が必要かを理解することにあります。

ジョゼフ・ピラーティスは、1934年に出版した著書"Your Health"で、呼吸、衛生、食生活とともに、定期的な運動の必要性について助言しています。呼吸については、肺から古い空気をすべて吐き出してから新しい空気を吸い込む、完全な呼吸法を説明しています。また、食事の量は日々の活動レベルに合わせるように、と述べています。デスクワークに従事する人は、肉体労働者より食事の量を減らすのです。毛穴を清潔にして皮膚呼吸できるようにするために、頻繁に入浴し、硬めのブラシで肌をこするように、との記述もあります。日中に厚着をしたり、夜に寝具をかけ過ぎたりすることには反対でした。とくに運動中は、快適に過ごせるだけの必要最低限の衣類があればよいと考えていたからです。その言葉通り、トランクス姿のピラーティスが雪の残る戸外で運動している写真が残っています。21世紀の今、健康のためにそこまで極端なことをする必要はありませんが、ピラーティスが考案した原則の多くは今も有効です。

体重を意識する

太りすぎると、体内のあらゆる器官（循環器系、内分泌系、呼吸器系など）のほか、股関節や膝、足首などの関節の機械的な機能にも悪影響が出ます。ピラーティスは脂肪を燃やす有酸素運動ではありませんが、体重を減らしながら筋を調整するので、より早く外見が引き締まり、気分がよくなります。つまり、モチベーションを維持しやすいのです。クライアントが太りすぎていても食生活の助言はしませんが、腹筋のワークをたくさん取り入れることで、突き出た内臓に脊椎が引っ張られてアライメントがずれるのを防ぎます。また、股関節や脚のワークを取り入れて、腰、膝、足首のアライメントを矯正し、関節にかかる圧を軽減します。

呼吸器系や循環器系の筋を動かすためには、体重に関係なく、日常的に有酸素運動をしなければなりません。水泳でも、ジョギングでも、ダンスでも、テニスでも、団体競技でもいいので、好きな有酸素運動をしましょう。私はクライアントに、1日おき

健康の最適化　車のエンジンと同じく、体のパフォーマンスも燃料（食事）の質に左右されます。

呼吸法を学ぶ

ピラーティス・エクササイズでは、動きを補助するために特別な呼吸パターンを指導します。呼吸を止めると筋が緊張し、血圧が上がるので、止めないよう指導もします。しかし、普段から息を吸いきり、吐ききる適切な呼吸をしていれば、健康全般に役立ち、ストレスを緩和する効果もあります。p.42-45で呼吸と運動の生理学を解説したので、ピラーティスの呼吸テクニックを身につける際に役立ててください。

生活全体からのアプローチ

上：質のよい睡眠　全身の健康のためには睡眠が重要であることを訴える研究結果が次々と現れています。

左：戸外でのエクササイズ　好きなエクササイズを選べば、モチベーションを維持しやすくなります。

に1時間運動をするか、毎日20-30分ピラーティスか有酸素運動をするよう勧めます。それ以外のときも、できるだけ活動量を増やしましょう。車に乗らずに歩く、エレベータを使わずに階段で上るなど、日常生活に運動を取り入れる方法を探すのです。

休憩とリラクセーション

日々の生活に十分な運動を取り入れることは重要ですが、休息することも大切です。クライアントの多くは、青白くやつれた顔で職場からスタジオに直行してきます。集中して1時間ピラーティスをしたあとは、みな肌の色が明るくなり、自己認識も高まるのがわかります。職場の問題を家に持ち帰らないためには、気持ちを切り替える方法をそれぞれが見つけなければなりません。ピラーティスは、バーで飲むよりもはるかにのぞましく、健康的です。

全身の健康は睡眠の質にも左右されるので、深く眠り、疲れをとるようにしましょう。質のよいマットレスや枕を用意し、部屋を暗く、静かに（コンピュータの光や携帯電話の音がしないように）するとよいでしょう。関節痛があると睡眠が妨げられますが、ピラーティスで関節のアライメントをどのように改善するピラーティスかを理解すれば、それを取り入れて睡眠時の快適な姿勢を見つけられます。とくに、体を横にして膝の間に枕をはさむと骨盤のアライメントが保たれ、腰が引っ張られなくなります。この姿勢なら、ほとんどの人が快適に眠れるでしょう。

最後になりますが、体の洗い方については助言しません。ジョゼフ・ピラーティスに任せます。雪のなかでエクササイズをしたいという方は、どうぞご自由に。

"自分の能力を生かして最高の結果を得るためには、だれもが強く、健康な体を獲得し、能力の限界まで精神を鍛えるべく、つねに努力しなければならない"

ジョゼフ・ピラーティス

ピラーティスはだれが行うべきか？

20世紀半ば頃、ピラーティスはダンサーや俳優、歌手のあいだで流行し、身体的な効果がパフォーマンスの向上に役立つと喜ばれました。けがや病気の回復期にある人や妊婦——そして基本的にできるだけいい体型を維持したいすべての人——に役立つエクササイズとして認められたのは、ここ四半世紀のことです。

ピラーティスは世界中で何百万もの人が実践し、普及した国の数も増える一方です。ジョゼフ・ピラーティスが見たら、さぞ喜んだことでしょう——教え方にはかならずしも満足しないでしょうが。大手フィットネスチェーンではさまざまなプログラムの1つとしてピラーティスを取り入れ、専門的なピラーティス・スタジオではマットワーク・クラスを行い、ピラーティスでよく使うマシンであるリフォーマーを何台も備えたところもあります。リフォーマーの原型は、第一次大戦当時にピラーティスが傷病兵の治療に使った、スプリングを利用した器械です(p.9を参照)。

私のスタジオには、12歳以上のさまざまな年齢層の人が訪れます。12歳未満の子どもは集中力が足りないため、基本的にはピラーティスを教えませんが、矯正が必要なほど姿勢が悪い子や、筋を鍛えたいダンサーの場合は例外を認めています。年齢の上限はなく、80代や90代のクライアントもいます。

新しいクライアントの多くは、ヘルスケアの専門家からの照会です。手術や外傷、慢性病の回復期にある人には、まず専門家の診断を受けてからスタジオに来ること、できれば紹介状や患部のレントゲン写真を持参することをお願いしています。私はこれまでに脳卒中、心臓発作、人工関節置換術、脊椎の手術、交通事故、摂食障害など、ありとあらゆる問題の回復期にある人に対応してきました。ピラーティスはどんな人にも役立ちます。病気やけがをしたあとすぐにピラーティスを始めれば、筋力や柔軟性もそれだけ高まります。

どんな人にも役立つ
ピラーティスは生涯、柔軟性と筋力を維持するのに役立つうえ、(一部修正を加えれば)妊娠中も安全にできます。

マットワークに必要な道具

本書で紹介するマットワーク・エクササイズは、ほとんど道具を使いません。エクササイズマットか柔らかくした床のほかに、以下の物を用意してください。

- クッションまたは枕
- 腕のない椅子またはスツール。膝と腰が直角に曲がる高さ
- タオル
- 小さなエクササイズボール

- 長さ1mほどの木の棒（オプション）
- 重さ2kg以下のダンベル2個
- 重さ2kg以下の脚に巻くウェイト2個
- バランスボール
- 大小さまざまな枕、クッション、ブロック

体を締めつけない、着心地のいい服と靴下を身につけます。靴は履きません。靴で締めつけずに足の感覚を得る必要があるからです。私はいつもクライアントには、マットワークから始めるように指導します。リフォーマーなどのマシンを使うのは、クライアントのコアが十分に強化され、ピラーティスの原則や手法を理解して安全にワークできるかどうかを見極めてからにします。ピラーティス・スタジオやマットワーク・クラスを立ち上げたい方に向けて、購入すべきマシンについての助言をp.222に掲載しました。

マットワークを習得すると、いつでもどこでもピラーティスができます。オフィスでも、自宅の居間のじゅうたんの上でも、世界のどこのホテルでもです。ピラーティスを理解したいのであれば、いつかピラーティスを教えたい方にも、自分のためにエクササイズがしたいだけの方にも、マットワークのスキルは必須です。何も考えずに動作を繰り返すのと違い、「なぜ」そのエクササイズをするのかがわかり、どこが痛いかを自分で判断して床の上ですぐその痛みを緩和できるようになるからです。ピラーティスは、自分で自分の体を癒すためのツールなのです。

リフォーマーとその他のマシン

典型的なピラーティス・ユニバーサル・リフォーマーの場合、強度の異なるばねがいくつもついたマシンにプラットフォームがあり、その上に仰向けになります。フットバーやストラップがマシンのフレームに取りつけてあるので、体重の抵抗に抗って安全に、体を支えながら特定の部位をワークできます。トラペーズ・テーブル（キャデラック）は、4本の支柱で支えられたベッドのような形で、重さを調整できるばねに僧帽筋用のアタッチメントがついています。ラダー・バレルは上部が丸く、はしごが平行して横についているので、体を支えながらさまざまなストレッチができます。私は何年も前からバランスド・ボディ社から購入しています。マシンのカタログについてはp.254を参照してください。

動きを説明するための用語

体の部位の相対的なポジションや、
エクササイズで動かす方向を表現できるよう、
一般的な医学用語を理解しておきましょう。

動きを表現するときは、最初のポジションが必要です。最初のポジションは解剖学的ポジションと呼ばれ、立位で腕を体側にたらし、手のひらを前に向け、足を腰幅に開きます。解剖学的ポジションで「右」や「左」という言葉を使うときは、読者ではなくモデルから見たときの右や左を指します。

体の平面
人体は3次元なので、平面も3種類あります。
- **矢状面（正中面）**は、体の正中線を上から下まで垂直に走行し、体を左右に分けます
- **前頭面**は、垂直に走行し、体を前後に分けます
- **横断面**は、体を上下に分け、ほかの2つの平面に対して直角です

矢状面／正中面

解剖学的ポジションに関連する方向

解剖学的ポジションに関連する方向を表す用語は8種類あります。
- **前**は、体の前
- **後ろ**は、体の背部
- **上**は、体の上、または上のほう
- **下**は、体の下、または下のほう
- **内**は、体の正中線に向かう方向、または手足の内側（腕の内側）
- **外**は、体の正中線から離れる方向、または手足の外側（腕の外側）
- **近位**は、体のセンターに近いほう、または手足が体幹に付着する部位に近いほう
- **遠位**は、体のセンターから遠いほう、または手足が体幹に付着する部位から遠いほう

たとえばへそは、脊椎の前、外性器の上、顎の下、体幹の近位にあることがわかります。

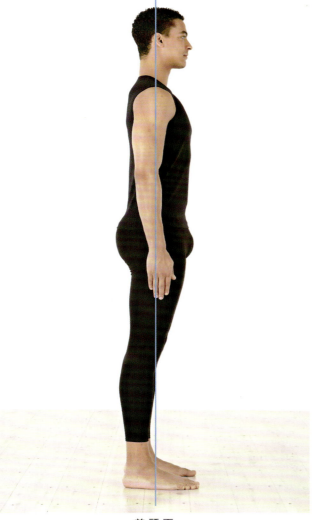

前頭面

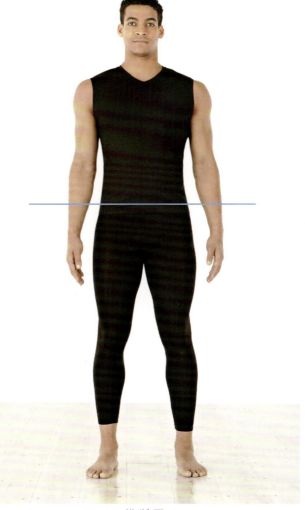

横断面

主な動きのタイプ

解剖学的ポジションに関連する動きは6種類あり、それぞれ下位分類があります。

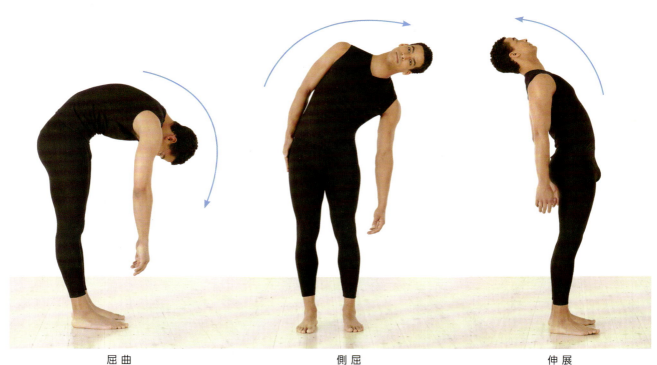

屈曲　　　　　　　　　側屈　　　　　　　　　伸展

屈曲
　屈曲とは、体を曲げたときに関節の骨と骨が作る角度が小さくなることです。肘や膝の屈曲は曲げること。脊椎の屈曲は、胎児の姿勢になったり、つま先を手で触れたりするときのように体を前に曲げることです。屈曲すると、通常は解剖学的ポジションから前に動きますが、膝だけは後ろに動きます。

屈曲
　側屈は、前頭面で頭や胴体を外側に曲げることです。右側屈、または左側屈があります。足はこれとは別です（p.25を参照）。

伸展
　伸展は、屈曲したポジションから関節を伸ばし、解剖学的ポジションに戻すことです。肘や膝の伸展は伸ばすこと。脊椎の伸展は、体を前に曲げたポジションから立位の解剖学的ポジションにし、後ろに曲げることです。「過伸展」とは、関節がゆるく、正常な可動域以上に伸展することです。

主な動きのタイプ　23

外転　　　　　　　　　　　　　内転　　　　　　　　　　　　　分回し運動

外転

　外転とは、手足を体の正中線から遠ざけることです。前頭面で脚を外側に振り出すときは、股関節で脚を外転します。腕を肩の高さに上げるときは、肩で腕を外転します。

内転

　内転は、外転の逆の動作で、手足を体の正中線に向けて動かし、解剖学的ポジションに戻すことです。脚を外側に振り出した状態からセンターに戻すときは、股関節で脚を内転します。前頭面で、肩の高さに上げた腕を戻すときは、腕を内転します。しかし、肩の高さを超えて頭のほうに腕を上げるときも、腕が正中線に近づくので内転と言います。

分回し運動

　関節を作る骨の骨頭を回す運動です。さまざまな筋運動を組み合わせた運動で、骨の遠位端で円を描く一方、近位端は固定します。

外旋と内旋

外旋と内旋は、骨（または脊椎）の軸の周りでねじる運動です。外旋では手足の正面が体の正中線から遠ざかり、内旋では正中線に近づきます。エクササイズで脚をターン・アウトするよう指示されたら、股関節で脚を外旋します。脊椎は正中線上にあるので、脊椎の周囲を回旋するときは、脊椎をセンターに固定したまま、左回りか右回りかで表します。

外旋　　　　　　　内旋

肩の運動

挙上は、肩をすくめるときのように、前頭面で肩を持ち上げる動きです。下制は、肩を解剖学的ポジションまで下ろす動きです。肩の後退は、肩を後ろに引いて、横断面で肩を後ろに引くこと。前進は、肩を前に回すときのように、横断面で肩を前に動かすことです。外転では肩甲骨を正中線から遠ざけ、内転では正中線に向けます。肩の動きの大半は、さまざまな動きの組み合わせです。たとえば腕を頭上に上げる動作では、回旋、外転、挙上をします。肩の分回し運動（肩関節内で上腕骨頭を回す）では、屈曲、外転、伸展、内転を組み合わせます。

挙上　　　　　　　下制

後退　　　　　　　前進

手の運動

回内は手のひらを床に向けて返す動き、回外は手のひらを天井に向ける動きです。両肘を体の脇で直角に曲げて立っているときは、前腕を内旋させると回内、外旋させると回外になります。

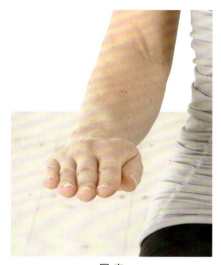
回内

回外

足の運動

足の屈曲はポイントにした足を解剖学的なポジションに戻すことで、背屈はつま先をすねのほうに向けることです。底屈は、足底面を床方向にすねから遠ざけ、足をポイントにする動きです。内反は足底を内側に、外反は足底を外側に向けること。足の回内は、体重を内側にかけることで、X脚の人に見られる症状です。足の回外は、体重を足の外側にかけることです。歩行時の普通の動きですが、その状態が顕著になり、習慣化すると問題になります。

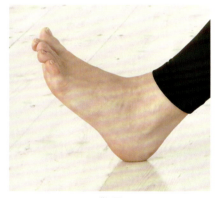
背屈

底屈（ポイントにする）

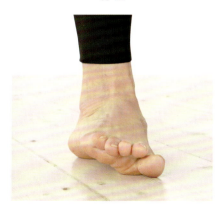
回内

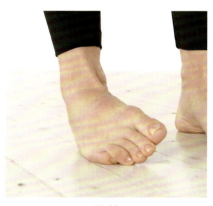
回外

骨と関節

人体には主な骨が206本あり、さまざまな可動域の関節で連結しています。
静止時も運動時も、骨の相対的なポジションにより、
人体の形状やアライメントが作り出されます。

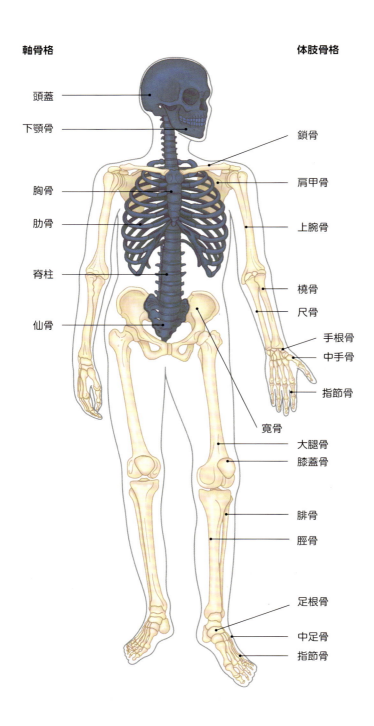

　骨は、スポンジ状の海綿質内にある骨細胞と膠原線維からなる、石灰化した結合組織でできています。骨は体の枠組みを作り、内臓を保護するほか、筋が力を出すときにてこの役割を果たして運動を生み出します。
　人体の骨格は2つに大別できます。頭蓋、脊柱（脊椎）、肋骨、胸骨からなる軸骨格と、上肢帯、上肢（腕）、下肢帯、下肢（脚）からなる体肢骨格です。

　骨には5種類あります。

- **長骨**は横幅より縦方向に長い。鎖骨、上腕骨、橈骨、尺骨、大腿骨、脛骨、腓骨、中手骨、指節骨など
- **短骨**は手首や足首にあり、長さ、幅、奥行きが等しい
- **扁平骨**は幅が広く、一般に内臓を保護する位置にあります。肋骨、胸骨、肩甲骨、頭蓋骨の一部
- **種子骨**は腱にある小さくて丸い骨で、腱を摩耗や断裂から守ります。膝蓋骨など
- **不規則形骨**は上記の4種類にあてはまらない骨。椎骨や、頭蓋骨の一部

関 節

関節は2つ以上の骨が連結する部位に形成され、種類も可動域もさまざまです。関節の安定度が高いと可動域は小さくなります。たとえば肩関節は可動域が大きく、脱臼などのけがが多い部位ですが、股関節は深い窩があり、動きが少ないため、けがの頻度は低くなります。

まったく動かない関節もあります。不動結合や線維性連結と呼ばれ、繊維性の結合組織や軟骨でつながっているものです。頭蓋骨もその一種です。

線維軟骨結合や軟骨性連結はわずかに動きます。膝にある脛骨と腓骨の関節のように軟骨で連結しているものや、恥骨前部のように骨端が軟骨で覆われ、間に円板があるものがあります。

可動結合や滑膜性の連結は、人体に最も数多くあります。骨の間の空間が滑液で満たされているため、関節が自由に動きます。滑膜性の連結には以下の6種類があります。

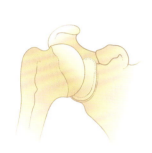

股関節や肩関節などの**臼状関節**は、骨の一方が球状で他方が臼状の窩のため、球が臼の中で自由に動けます。そのため関節では屈曲、伸展、外転、内転、回旋、分回し運動ができます。

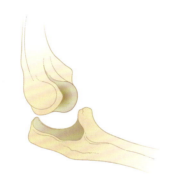

肘や膝などの**ちょうつがい関節**では、一方の骨の凸面と他方の骨の凹面が連結し、1平面で屈曲と伸展ができます。

環椎と軸椎の間にある**車軸関節**では、一方の骨の小さな突起が他方の骨の輪構造にはまり、1軸性の回旋運動ができます。

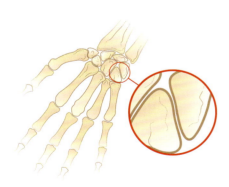

平面関節は表面が平らで互いに滑走するので、動きは限定されます。肋骨間や椎骨間の関節のほか、肩甲骨、鎖骨関節、手根間関節や足根間関節など。

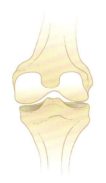

楕円関節では、一方の骨にある2つの楕円形の突起が他方の骨の2つの楕円形の窩にはまります。そのため2平面で屈曲と伸展、外転と内転の限定的な運動ができます。手関節など。

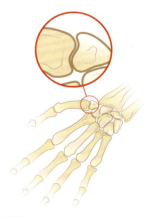

鞍関節では、両方の骨の表面が鞍形で互いにはまるので、2軸性で屈曲と伸展、外転と内転、回旋、分回し運動ができます。親指など。

軸骨格

頭蓋	骨は29個。うち8個が頭部(F)、14個が顔(I)、6個が耳小骨(I)、1個が舌骨(Se)。
頸椎7個、C1-C7(I)	C1は環椎、C2は軸椎ともいう。
胸椎12個、T1-T12(I)	頸椎より大きい。肋骨と連結する。
腰椎5個、L1-L5(I)	椎骨のなかでは最大。
仙骨(I)	骨盤後面にある5個の癒合骨。
尾骨(I)	3-5個の癒合骨。
胸骨(F)	胸郭が鎖骨と合う。
肋骨24本(F)	胸郭後面の上部に肩甲骨がある。

体肢骨格

鎖骨2本(L)	肩甲骨と胸骨を連結し、腕の運動時に肩を保持する。
肩甲骨2個(F)	肩峰で鎖骨と合う。烏口突起は肩関節で筋が付着する部位。肩甲骨関節窩は外側にある楕円形の空間で、肩関節を形成する。
上腕骨2本(L)	上腕の長骨。骨頭は肩の臼状関節の球をなす。
橈骨2本(L)	前腕の骨で、尺骨の周りを回旋する。
尺骨2本(L)	前腕にある固定された骨。
手根骨16個(S)	手首を形成する(左右で8個ずつ)。
中手骨10本(L)	手のひらを形成する(左右で5個ずつ)。
指節骨28本(L)	左右の母指に2個ずつと、各指に3個ずつ。
寛骨2個(F)	坐骨、腸骨、恥骨。互いに癒合している。ASISは上前腸骨棘、PSISは上後腸骨棘。腸骨稜は、股関節の外側に突出する稜(いわゆる腰骨)。坐骨結節は、寛骨の後方下部にある。
大腿骨2本(L)	人体で最長の骨。骨頭は寛骨臼と連結し、股関節を形成する。上部外側にある突起は大転子、下部内側にある突起は小転子という。遠位端には顆があり、脚下部と連結する。
膝蓋骨2個(Se)	大腿骨の顆の間にある溝にはまり、膝骨大腿骨関節で脛骨と合う
脛骨2本(L)	脚下部の内側にある骨。近位端で大腿骨と連結する
腓骨2本(L)	脚下部の外側にある、薄く、ねじれた骨。脛骨と連結するが、大腿骨とは連結しない。くるぶしという、丸いこぶを形成する。
足根骨14個(S)	足首を形成する(左右で7個ずつ)。
中足骨10本(L)	各足指に1個ずつ。
指節骨28本(L)	左右の母指に2個ずつと、各指に3個ずつ。

略語は骨の種類。
L＝長骨、S＝短骨、F＝扁平骨、I＝不規則形骨、Se＝種子骨

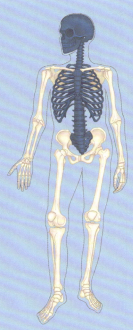

軸骨格

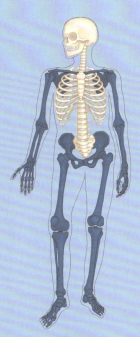

体肢骨格

脊椎

ピラーティスでは、脊椎の正しいアライメントが欠かせません。エクササイズの多くは、脊椎を保護したり、可動域の範囲内で安全に動かしたりすることに注力します。ジョゼフ・ピラーティスはいみじくも、脊椎には年齢が表れると言いました。「30歳でも脊椎の柔軟性がなければ老人です。60歳でも完全に柔軟性があれば若いのです」

脊椎は以下の部分に分かれています。
- **7個の頚椎**（最上部にある）は最も小さくて軽い椎骨で、頭と首が動くよう柔軟性が必要です。脊椎のこの部位のカーブは、背中に向かってへこんでいます。
- **12個の胸椎**は首から肋骨下部まで走行します。徐々に大きくなり、最下部の椎骨が最大です。これらは肋骨と連結し、上背部が動くようにしています。胸椎のカーブは、前面に向かってへこんでいます。
- **5個の腰椎**は最強です。体重を支え、下背部の動きに欠かせません。腰のカーブは背中に向かってへこんでいます。
- 成人すると、**5個の仙椎**が癒合して、三角形の仙骨1個になります。仙骨は腰仙関節で、腰椎最下部に対して相対的に動きます。ここの動きが、ピラーティスで重要な骨盤と下背部のアライメントをつかさどります（p.31を参照）。
- **尾椎**が形成する小さな三角形は、尾が退化したものと考えられています。仙骨と尾骨のカーブは、体の前面に向かってへこんでいます。

脊椎のカーブは衝撃を吸収する役割を果たします。健康な体であれば、椎骨同士で互いにバランスがとれているはずです。1つのカーブがほかのカーブより強調されると、脊椎が引っ張られてアライメントからはずれ、体の他の部位に影響がおよびます（p.46-53を参照）。ピラーティスのエクササイズの大半では、仰向けになったときに脊椎を平らにして床につけるのではなく、自然なカーブを保つようこころがけます。

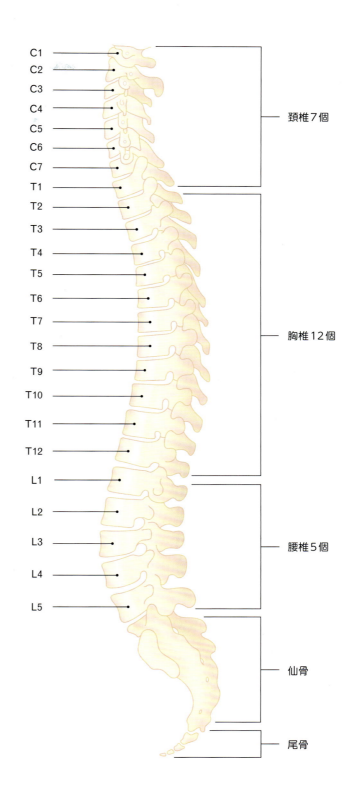

椎間関節

仙骨、尾骨、環椎、軸椎を除くすべての椎骨は、上下の椎骨と連結します。丸みのある前部は椎間板で隔てられています。椎間板は、線維輪という強い線維組織が外側に、髄核というゼラチン質の物質が内側にあります。椎間板は緩衝材の役割を果たします。

椎骨の背部（棘突起）は関節突起間関節で連結し、滑走の程度は表面に応じてさまざまです。たとえば胸部よりは腰部のほうが回旋できます。

靱帯は脊椎を保持し、脊椎が動く距離をどの方向でもコントロールし、椎間板の脱出を防ぎます。筋は、椎骨の両脇にある横突起に付着します。

悪い姿勢、けが、非対称な姿勢などにより脊椎に負荷がかかると、運動が制限されます。ピラーティスは、脊椎を保護し、脊椎を動かす筋を強化し、安定性と柔軟性を高めます。

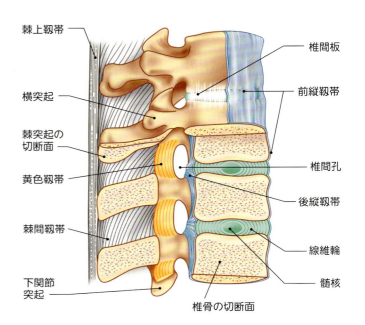

脊髄の保護 脊椎の骨や靱帯は、神経分布への損傷を防ぐとともに、背部が動くようにしています。

脊髄

頚椎、胸椎、腰椎は、脳から腰まで内部を管が走行できる形状になっています。この管に、脊髄が通っているのです。脊髄は灰白質と白質で構成され、末梢神経と脳の間の情報伝達を担うほか、上行性伝導路と下行性伝導路で反射をコントロールします。脊椎に重傷を負うと脊髄に影響し、最悪の場合、脳からの情報が体に届かなくなり、麻痺します。小さなけがやずれがあると神経に圧がかかり、ぴりぴりした感覚や患部の痛みが生じることがあります。

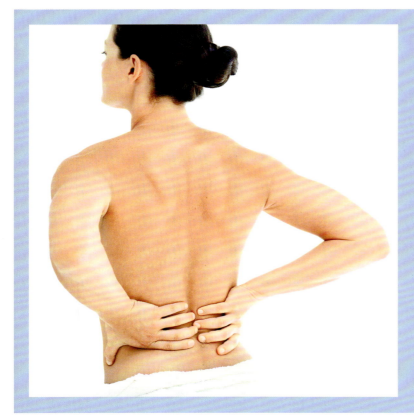

背部痛 西洋社会における病欠の最多要因ともいえる背部痛は、姿勢の悪さが原因のことが多いのです。

骨盤

「ニュートラルな骨盤」を保つことは、ピラーティスのエクササイズのほとんどで重要です。ほかに、骨盤を前傾・後傾させるものもあります。どの程度傾けるかを決めるには、骨盤のさまざまな部位を区別できなければなりません。

腸骨稜は、ウェストラインから脇に手を下ろしたときに触れる、大きな骨の縁です。腸骨稜の少し前のやや下方には、小さな骨が出ています。これが上前腸骨棘（ASIS）で、左右に1つずつあります。鏡に対して真横に立つと、骨盤下部の前に飛び出した部分、恥骨結合（PS）が見えるでしょう。

立位のポジションでは、
- 骨盤が**ニュートラル**のとき、ASISとPSは垂直に並びます
- 骨盤が**前傾**しているとき、ASISがPSの前にきます。このとき、腰椎のカーブは強まります
- 骨盤が**後傾**しているとき、PSがASISの前にきます。このとき、腰椎のカーブは弱くなるか、平らになります
- 右ASISが左ASISより下にあるときは、骨盤が右に側傾していて、左ASISが下にあるときは左に側傾しています
- 右ASISが左ASISより前にあるときは、骨盤が左回旋していて、左ASISが前にあるときは骨盤が右回旋しています

一般にこれらのポジションは立位で説明しますが、仰向けでもうつぶせでも座位でも、両手と膝をついた姿勢でも同じです。あるエクササイズで骨盤をニュートラルに保つように指導されたら、ASISとPSを水平にし、同じ平面上に並ぶようにします。

骨盤のアライメント　けがや姿勢の問題があると、骨盤が正しいアライメントから引っ張られ、体全体の姿勢に影響します。

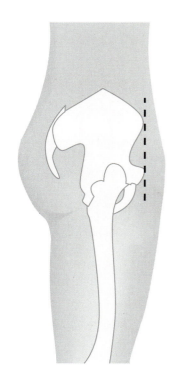
ニュートラルな骨盤

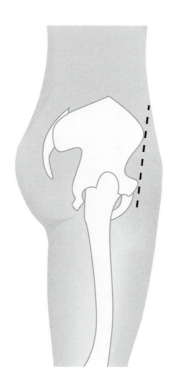
前傾

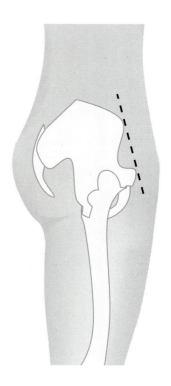
後傾

筋

筋を安全に、正確に、効率よくコントロールして使えるようになることは、ピラーティスの核心といえます。人体には600以上の筋があるので、エクササイズを教えるためには主な骨格筋すべての位置と動きを習得することが重要です。けれどもこれは論理的であり、直観も役立つので、意外にむずかしくありません。

筋細胞には収縮する能力があります。体の部位を動かすために自分の意思で制御する筋を、随意筋といいます。不随意筋は、脳の信号に反応して動き、心臓の鼓動や血液循環などの機能を制御します。

ある筋が骨や腱経由で関節に付着しているときにその筋が収縮すると、動きを妨げる抵抗がなければ、骨は互いに引き寄せられます。動きを生み出す収縮は、動的収縮あるいは等張性収縮といいます。動きを生み出さない収縮は、静的収縮あるいは等尺性収縮です。机に手をついて人差し指を持ち上げるときは、動的筋収縮が起きています。しかしピラーティスで

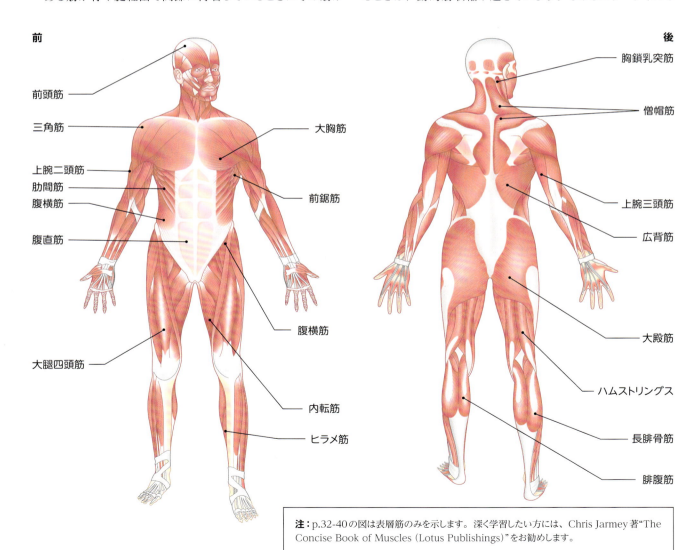

注：p.32-40の図は表層筋のみを示します。深く学習したい方には、Chris Jarmey 著"The Concise Book of Muscles (Lotus Publishings)"をお勧めします。

筋の付着

相対的に静止した骨の、（直接または腱経由）筋が付着する部位を起始といいます。動くほうの骨の、筋が付着する部位は停止といいます。筋の多くは、付着は2つだけですが、複雑な筋には複数の付着があります。たとえば上腕三頭筋には内側頭、外側頭、肩甲骨から始まる長頭の起始の3つがあります。

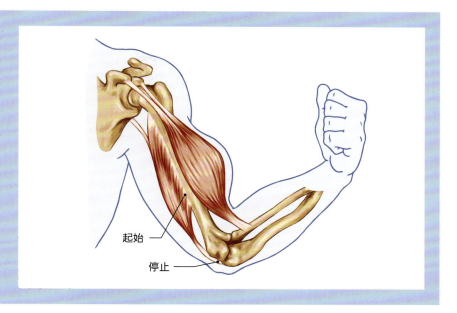

は、エクササイズ中に骨盤、膝、肩、脊椎が動かないよう、等尺性収縮をよく使います。

つまり、筋にはさまざまな役割があるのです。主動筋は、意図した動きを生み出す筋です。最も効率よく動きを生み出すのは第1主動筋ですが、第2、第3（あるいはそれ以上）の主動筋が存在することもあります。拮抗筋は、主動筋と正反対の動きをする筋で、弛緩することで主動筋が動けるようにします。たとえば肘を曲げるときは、上腕二頭筋が主動筋で、腕の背部の上腕三頭筋は弛緩することで肘を曲げる動きを可能にするため、拮抗筋です。

とはいえ、これは単純化した例です。完全に孤立して動く筋はほとんどありません。筋の大半は層状になり、グループで働きます。共同筋は、動きの副作用を防ぐために主動筋と同時に働く筋です。固定筋は、体の部位を支持し、主動筋が生み出す動きに引っ張られずに抵抗できるよう等尺性収縮をする筋です。腕を頭上に上げるなどの複雑な動きでは、複数の主動筋、拮抗筋、共同筋、固定筋が関与します。

数多くの筋が関連しながら働くため、相対的な筋力をバランスよく保つことは、骨格のアライメントを保つ上で重要です。ある筋や筋群が反対の筋や筋群よりひときわ強くなると、けがをします。

筋の働き

筋を構成する長い線維には血管と神経が分布し、結合組織に覆われています。筋には収縮が遅いけれど長く収縮を保てる遅筋線維と、速く収縮するけれどすぐに疲労する速筋線維があります。脳からの信号が伝わると、細胞が互いに滑り、筋線維が短くなるため、筋が収縮します。筋線維は、筋の種類や可動域に応じて互いに平衡に、あるいは取り巻くように、収束するように、束状に（羽状筋）並んでいます。

1つの筋群を反復して使うと、筋が束になって硬くなり、「結節」ができます。ある部位が硬くなったクライアントがスタジオに来たら、私はまずやさしいエクササイズをしてから、適切なストレッチに移ります。すると筋線維が長くなり、その部位の血流が増え、運動前の準備になります。

硬くなった筋をいきなり強く伸ばしたり、遠くまで引きすぎたりすると、筋を痛めることがあります。患部から出血し、痛みや腫れが生じるほか、線維が断裂することもあります。筋損傷の治癒期には、隣接する筋同士の結合組織がかたまり、癒着の原因になります。こうなるとその部位の可動域が制限されたり、その筋に分布する神経や血管を痛めたりします。ピラーティスではいきなり強い動きをすることはなく、たくさんワークをしたあとはつねにその部位をストレッチし、筋が硬くなることを防ぎ、筋線維、腱、靱帯の柔軟性を高めるようにします。

股関節、脚、足の筋

下肢には主な関節が3つあります。股関節、膝、足首（足の骨は含まない）の3つで、各関節のさまざまな動きをさまざまな筋群が支えています。筋の多くは他の筋群と逆の働きをし、機能も1つではありません。

脚の骨はてこのようなもので、付着する筋に引っ張られます。やや異なる角度で引っ張る筋群を使えば、動きを微調整することができます。骨が動きすぎたり、関節を痛めたりしないよう、固定する役割を果たす筋群もあります。だから反対の筋群を等しく鍛えることが重要なのです。たとえばピラーティスのセッションで内転筋を働かせるときは、外転のエクササイズも取り入れます。ハムストリングスのワークはセッションの大半で取り入れられますが、これは大腿四頭筋が日常生活や、とくにスポーツやランニングでよく使われ、発達しすぎる傾向があるからです。

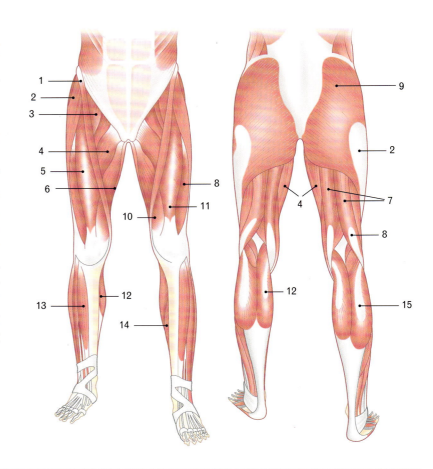

股関節屈曲筋群	起 始	停 止	解 説
大腰筋	T12と腰椎	大腿骨小転子	腹部の大きく、厚みのある深層筋。仰向けからシットアップするときのように、股関節と脊柱を屈曲する。
腸骨筋	腸骨窩	大腿骨小転子	股関節を屈曲し、固定する。
大腿筋膜張筋(TFL) (2)	腸骨稜	大腿上部の腸脛靱帯	股関節を外転、屈曲、内旋する。膝を固定する。
腸脛靱帯	腸骨稜	脛骨上外側と腓骨頭	大腿筋膜張筋を支える。
縫工筋(1)	上前腸骨棘	脛骨内側顆	人体で最長の筋。股関節を屈曲、外旋、外転する。
大腿直筋(5) (大腿四頭筋の1つ)	寛骨臼の上縁	脛骨粗面	膝を伸展し、股関節を屈曲する。
股関節伸筋群			
大殿筋(9)	腸骨と仙骨	大腿骨の腸脛靱帯の近位	股関節を伸展、外旋し、屈曲時に大腿を45度から0度まで伸ばす。
ハムストリングス (半腱様筋、半膜様筋、大腿二頭筋)(7)	坐骨結節	脛骨外側顆と内側顆、腓骨頭	股関節を伸展し、脚を内旋し、膝で脚を屈曲する。
股関節外転筋群			
中殿筋	腸骨	大腿骨大転子	股関節を外転し、内旋する。
小殿筋	腸骨	大腿骨大転子	小殿筋前部の運動を補強する。
大腿筋膜張筋(TFL) (2)	腸骨稜	大腿上部の腸脛靱帯	股関節を外転し、屈曲し、内旋する。膝を固定する。

股関節内転筋群	起始	停止	解説
長内転筋、短内転筋、大内転筋(4)	恥骨	大腿骨幹後面	股関節を内転し、外旋する。大内転筋が最長で、長内転筋は短内転筋の後ろにある。
恥骨筋(3)	恥骨	大腿骨小転子	股関節を内転し、屈曲し、内旋する。
薄筋(6)	恥骨	脛骨内側顆	股関節を内転し、膝を屈曲する。
股関節外旋筋群			
大殿筋(9)	腸骨と仙骨	大腿骨の腸脛靱帯の近位	股関節を伸展し、回旋する。体幹を伸展する。
深層外旋筋群 (梨状筋、内閉鎖筋、外閉鎖筋、下双子筋、上双子筋、大腿方形筋)	仙骨前面	大腿骨大転子	股関節を外旋する。
股関節内旋筋群			
中殿筋(前部線維)	腸骨	大腿骨大転子	股関節を外転し、内旋する。
小殿筋(前部線維)	腸骨	大腿骨大転子	股関節を外転し、内旋する。
膝の屈曲筋群			
ハムストリングス (半腱様筋、半膜様筋、大腿二頭筋)(7)	坐骨結節	脛骨内側顆	股関節を伸展し、脚を内旋し、膝で脚を屈曲する。
膝の伸筋群			
大腿四頭筋 (大腿直筋、内側広筋、中間広筋、外側広筋)(5, 10, 11)	大腿骨幹、白線、大転子	脛骨粗面	脚を伸展する。 内側広筋が最小で、中間広筋が最も深部に、外側広筋が最も外側にある。 大腿直筋は股関節と膝をまたぐ。
膝の内旋筋群			
縫工筋(1)	上前腸骨棘	脛骨内側顆	人体で最長の筋。大腿骨を屈曲、外旋、外転する。
ハムストリングス (半腱様筋、半膜様筋、大腿二頭筋)(7)	坐骨結節	脛骨内側顆	股関節を伸展し、脚を内旋し、膝で脚を屈曲する。
薄筋(6)	恥骨	脛骨内側顆	股関節を内転し、膝を屈曲する。
膝の外旋筋群			
大腿筋膜張筋(TFL)(2)	腸骨稜	大腿上部の腸脛靱帯	股関節を外転、屈曲、内旋する。
大殿筋(9)	腸骨と仙骨	大腿骨の腸脛靱帯の近位	股関節を伸展、外旋し、屈曲時に大腿を45度から0度まで伸ばす。
大腿二頭筋(8)	坐骨結節	脛骨外側と腓骨頭	膝を屈曲し、股関節を伸展する。
足首・足の背屈筋群			
前脛骨筋(13)	脛骨と腓骨(後ろと前)	第1中足骨前面の底。足根骨と中足骨の後面	足を背屈、内反、底屈する。
足の長指伸筋	脛骨と腓骨(近位)	第2,3,4,5指節骨	足指を屈曲し、底屈を補助し、足を内反する。
足首・足底の屈曲筋群			
腓腹筋(12)	大腿骨外側顆と内側顆	アキレス腱経由踵骨	膝で脚を屈曲する、足の底屈を補助する。
ヒラメ筋(14)	脛骨と腓骨の後表面	アキレス腱経由踵骨	足を底屈する。
後脛骨筋	脛骨と腓骨の後表面	アキレス腱経由踵骨	ふくらはぎで最深部にある筋。底屈と内反。
長腓骨筋(15)	腓骨頭	内側楔状骨と第1中足骨	足の底屈と外反。
短腓骨筋	腓骨後面外側	第5中足骨底	足の底屈と外反。
足指の屈筋群			
足の長母指屈筋	腓骨の後下部	第1中足骨の末節関節	足と足指を伸ばし、足首を内反する。
足の長指屈筋	脛骨後面内側	第4指の末節関節	足と足指を伸ばす。

下部体幹と脊椎の筋

　ピラーティスでは、姿勢を改善し、運動を補助し、脊椎を保護するため、下腹部のコア筋の強化を強調します。脊椎周辺の筋と骨盤の筋の一部もこれらの機能に欠かせません。

　腹直筋、内腹斜筋、外腹斜筋、腹横筋の4つの腹筋は、腹部で筋の帯を形成しますが、筋線維が走行する方向はさまざまです。腹直筋は腹部のセンターを上下方向に、外腹斜筋はセンターに向かって斜め下方に、内腹斜筋の上部線維はセンターに向かって斜め上方に、腹直筋の外側を走行します。腹横筋の線維はほぼ横方向に腹部を横断します。片側、もしくは両側の筋の収縮を組み合わせると、下腹部周辺でさまざまな運動が生じます。最深部にある腹横筋は、手足を動かすときにコルセットのように脊椎を保護します。また、強制呼気をすると収縮します。ピラーティスのエクササイズで強く息を吐くのはこのためです。

　脊椎の伸筋群と屈筋群の強化は、ピラーティスの目標の1つです。これらの筋は姿勢の問題や背部痛を予防するからです。たとえば脊柱起立筋を強化すると、猫背予防に役立ちます。プレピラーティス・エクササイズの多くは仰向けの姿勢で行います。重力に抗して脊椎を屈曲することで負荷がかかるからです。うつぶせのときは、重力に抗って脊椎を伸展します。ポジションを少し変えたり、手足を動かしたりすると、異なるコア筋を鍛えられます。異なる筋群が同時に収縮することもあります。これは、脊椎を保護するために動いたり、運動を制限したりするためです。

骨盤底

　骨盤底筋が作る骨盤隔膜は、男性の直腸、前立腺、尿道を、また女性の直腸、膣、尿道を支えています。さまざまな時間でこれらの筋を収縮させるエクササイズをすると、失禁、子宮脱（女性）、勃起不全（男性）の予防に役立ちます。骨盤底筋はコアの強化に欠かせないと考えるピラーティスの指導者もいます。骨盤底筋の収縮は腹横筋の収縮を補助するし、逆もまたしかりだからです。しかし、腹筋を効率よく使うと骨盤底筋も自然に使われるので、私はほかのピラーティス・インストラクターのようにとくに骨盤底筋を使うよう指示はしません。

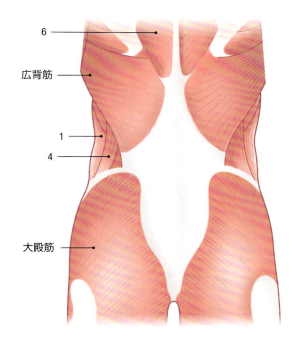
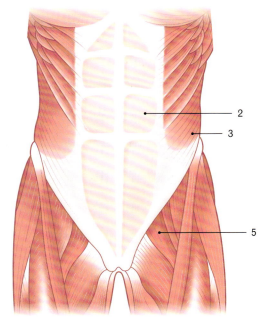

脊柱屈筋群	起始	停止	解説
腹直筋(2)	恥骨結合	第5-7肋軟骨、剣状突起	肋骨を押し下げ、腰椎を屈曲する。
外腹斜筋(1)	第5-12肋骨前面	白線と鼡径靱帯	脊柱を屈曲し、腹部を圧迫し、側屈し、対側性の回旋をする。
内腹斜筋	腸骨稜、鼡径靱帯、胸腰筋膜	下部肋骨8本	脊柱を屈曲し、腹部を圧迫し、側屈し、回旋をする。
腹横筋(3)	腸骨稜、下部肋骨6本	白線、恥骨、腸骨稜	最深部にある腹筋。腹筋を圧迫し、腰椎のカーブを強める。
腸腰筋(5)	T12と腰椎、腸骨窩	大腿骨小転子	股関節と脊柱を屈曲する。
脊柱伸筋群			
脊柱起立筋(棘筋、最長筋、腸肋筋)	腸骨稜、仙骨	後頭骨	脊柱を伸展し、側屈する。
半棘筋	胸椎と頚椎の突起	後頭骨	僧帽筋の下にある。脊柱上部を伸展する。
脊柱背面の深層筋(棘間筋、横突間筋、回旋筋、多裂筋)	仙骨	軸椎	椎骨突起に走行する。椎骨を固定し、動かす。
腰方形筋(4)	腸骨稜	第12肋骨と腰椎の横突起	腰椎を側屈する。骨盤を挙上する。
僧帽筋(6)	後頭骨と18個の主要椎骨	肩峰と肩甲棘	菱形。肩甲骨を挙上し、内転し、上方回旋する。
菱形筋	胸椎T1-T5と頚椎C7	肩甲骨内側縁	肩甲骨を内転し、固定する。
脊柱の側屈			
外腹斜筋(1)	第5-12肋骨前面	白線と鼡径靱帯	脊柱を屈曲し、腹部を圧迫し、側屈し、対側性の回旋をする。
内腹斜筋	腸骨稜、鼡径靱帯、胸腰筋膜	下部肋骨8本	脊柱を屈曲し、腹部を圧迫し、側屈し、回旋をする。
腰方形筋(4)	腸骨稜	第12肋骨と腰椎の横突起	腰椎を側屈し、骨盤を挙上する。
脊柱起立筋	腸骨稜、仙骨	後頭骨	脊柱を伸展し、側屈する。
半棘筋	胸椎と頚椎の突起	後頭骨	僧帽筋の下にある。脊柱上部を伸展する。
脊柱背面の深層筋	仙骨	軸椎	椎骨突起に走行する。椎骨を固定し、動かす。
腹直筋(2)	恥骨結合	第5-7肋軟骨、剣状突起	肋骨を押し下げ、腰椎を屈曲する。
腸腰筋	T12と腰椎、腸骨窩	大腿骨小転子	股関節と脊柱を屈曲する。
脊柱の回旋			
外腹斜筋(1)	第5-12肋骨前面	白線と鼡径靱帯	脊柱を屈曲し、腹部を圧迫し、側屈し、対側性の回旋をする。
内腹斜筋	腸骨稜、鼡径靱帯、胸腰筋膜	下部肋骨8本	脊柱を屈曲し、腹部を圧迫し、側屈し、回旋をする。
脊柱起立筋(最長筋、腸肋筋)	腸骨稜、仙骨	後頭骨	脊柱を伸展し、側屈する。
半棘筋	胸椎と頚椎の突起	後頭骨	僧帽筋の下にある。脊柱上部を伸展する。
背面の深層筋(回旋筋、多裂筋)	仙骨	軸椎	椎骨突起に走行する。椎骨を固定し、動かす。
骨盤底筋			
肛門挙筋	恥骨の後表面、坐骨棘の内側面、閉鎖筋膜	尾骨の下2個、直腸側面、会陰中央	骨盤腔の内臓と骨盤隔膜の一部を支える。
尾骨筋	坐骨棘	尾骨の縁、仙骨最下部	骨盤隔膜の一部。

上部体幹、首、頭の筋

呼吸時は反対の作用をする筋群がいくつも関与します。これらの筋は、上体の姿勢がよく、肩甲骨が挙がらずにやさしく引き下げられ、頭と首と脊柱が一直線に並んで気道を制限していないときに最も効率よく働きます。

肩甲骨は胸郭の上を滑り、筋だけで脊柱と鎖骨と連結しています。これらの筋が硬くなったり損傷したりすると、胸椎と頚椎が正しいアライメントから引っ張られ、副作用として呼吸の効率まで悪くなることもあります。ピラーティスのエクササイズで、腹筋の使い方の次に肩甲骨を引き下げる方法を学ぶのは、このためです。腕を上げるときはとくに、つねに肩甲骨を引き下げます。肩甲骨と耳の距離を保つことに集中しましょう。

エクササイズでは、「頭頂部まで長くする」という表現を使うことがあります。立位でも仰向けでも顎が前に出やすいため、これを防ぐには姿勢のアライメントを正しくし、顎を軽く引きます。仰向けのときは頭の下に小さな枕を置きましょう。

呼吸メカニズムについてはp.42-45で詳しく説明します。ジョゼフ・ピラーティスが勧めているように完全呼吸をすると、すべての筋がどのように働くかもわかります。

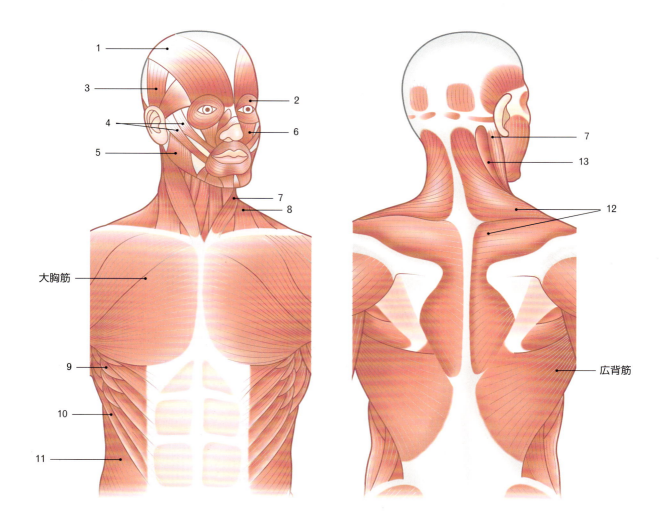

呼吸筋	起始	停止	解説
横隔膜	胸骨の剣状突起、肋骨下部、腰椎	腱中心	肋骨下部を挙上し、胸郭の横幅を広げる。 肋骨上部を挙上し、胸郭の奥行きを広げる。
肋間筋(内外)(10)	肋骨の上縁と下縁	下にある肋骨の上表面	深い強制呼吸のときに収縮する。 胸郭の形状維持を助ける。
上後鋸筋と下後鋸筋	上部肋骨9本	肩甲骨、椎骨縁の正面	肩甲骨を外転し、肩を前に引き出す。
前斜角筋、中斜角筋、後斜角筋(8)	C3-C7の横突起	上部肋骨2本の上表面	胸骨と上部肋骨2本を引き上げ、 胸郭上部を上外側に動かす。
肋骨挙筋	胸椎	1、2本下の肋骨の背部	脊椎の回旋と肋骨の挙上を助ける。
腹横筋(11)	腸骨稜、下部肋骨6本	白線、恥骨、腸骨稜	腹部の直径を小さくし、腰椎のカーブを強める。
骨盤底筋(尾骨筋、恥骨尾骨筋)	坐骨棘	尾骨の縁、仙骨最下部	骨盤隔膜の一部。
肩甲骨の運動			
肩甲挙筋(13)	頚椎C1-C4	肩甲骨上内側縁	肩甲骨を挙上し、下方向に回旋する。
小胸筋	鎖骨、胸骨	上腕骨結節間溝	腕を屈曲、内転、内旋する。
大菱形筋と小菱形筋	胸椎T1-T5と頚椎C7	肩甲骨内側縁	肩甲骨を挙上し、内転し、下方向に回旋する。
前鋸筋(9)	肋軟骨上部9本	肩甲骨内側縁	肩甲骨の引き下げ、外転、上方回旋
僧帽筋(12)	後頭骨、頚椎、胸椎	鎖骨、肩甲棘、肩峰	僧帽の形。 肩甲骨を挙上し、内転し、上方回旋する。
頭と首の運動			
後頭下筋	環椎	後頭骨前部と後部	頭を伸ばし、同側に回旋する。
頚長筋	C5-T3の横突起	環椎の前弓	頭と首を屈曲する。
胸鎖乳突筋(7)	胸骨、鎖骨	乳様突起、後頭骨	胸骨を挙上する。 頭を屈曲、回旋し、側屈する。
前斜角筋、中斜角筋、後斜角筋(8)	頚椎の横突起	上部肋骨2本の上表面	首を屈曲し、肋骨を挙上する。
頬筋	上顎と下顎	頬	頬を平らにする。
前頭筋(1)	頭皮の結合組織	眉と鼻梁の皮膚	眉を挙上し、額にしわを寄せる。
咬筋(6)	頬骨弓	下顎の外側表面	下顎を挙上する。
内側翼突筋、外側翼突筋	口蓋の側面	下顎の内側表面	下顎の側方への動き、挙上、突出を可能にする。
側頭筋(3)	こめかみに沿う	下顎骨節突起	下顎を挙上する。
大頬骨筋、小頬骨筋(4)	頬骨	口角	口角を上げる(笑うとき)
眼輪筋眼窩部	上顎骨前頭突起と前頭骨の鼻突起	起始の近く	目を閉じる (目で見上げるときのような強い動き)
眼輪筋眼瞼部	内眼瞼靭帯	外側眼瞼縫線	まぶたを閉じる (瞬きするときのような弱い動き)
眼輪筋涙嚢部	涙骨後涙嚢稜	眼瞼部	涙嚢を拡張し、管を目の表面にもっていく (涙を流すため)
外側翼突筋(5)	蝶形骨。 上頭は大翼の外側表面に、 小翼は外側翼突板の 外側表面にいく。	上頭は顎関節の皮膜と板。 下頭は下顎の頚に向かう。	口を開き、下顎を左右に動かす(噛むとき)
内側翼突筋(5)	蝶形骨の外側翼突板の 内側表面、口蓋骨の錐体突起、 上顎の粗面	下顎枝の内側表面と下顎角	口を閉じ、下顎の骨の左右の動きを補助する (噛むとき)
小頬骨筋(4)	頬骨の下部表面	上唇の外側	上唇を引き上げ、鼻唇溝を形成する。
大頬骨筋(4)	頬骨の上外側表面	口角	口角を上げる(笑うとき)
口輪筋	唇と周辺部の筋と皮膚	口角の皮膚	唇を閉じる、歯に唇を押しつける、 発話時に唇の形を作るのを助ける。

肩、腕、手の筋

肩関節は、体内で最も可動域が大きい関節です。そのため肩関節の支持と固定にはさまざまな筋が関与しています。

ローテーターカフは肩甲下筋、棘上筋、棘下筋、小円筋の4つからなる筋群で、共同して運動中の肩を固定します。各筋が少しずつ異なる角度で働き、上腕骨頭を保持して脱臼を防ぐのです。肩を動かすときは上背部の主な筋のほか、腕の上腕三頭筋と上腕二頭筋、胸部の胸筋も関与します。

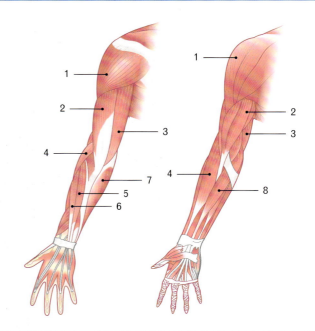

肩の屈曲	起始	停止	解説
三角筋前部(1)	鎖骨、肩甲棘、肩峰	上腕骨の三角筋粗面	肩を屈曲し、内旋する。
大胸筋(鎖骨部)	鎖骨	上腕骨結節間溝の外側唇	肩を屈曲、内転し、内旋する。
烏口腕筋	肩甲骨の烏口突起	上腕骨中部	腕を屈曲する。
上腕二頭筋(2)	関節上結節と肩甲骨の烏口突起	尺骨近位	腕の主な屈筋。
肩の伸展			
広背筋	肩甲骨下角、腰椎、胸椎(T7-T12)	上腕骨結節間溝	肩を伸展し、内転し、内旋する。
大円筋	肩甲骨下角	上腕骨結節間溝の内側唇	肩を伸展し、内転し、内旋する。
大胸筋(胸骨部)	胸骨	上腕骨結節間溝の外側唇	肩を屈曲し、内転し、内旋する。
肩の外転			
三角筋前部と中部(1)	鎖骨、肩甲棘、肩峰	上腕骨の三角筋粗面	肩を屈曲し、外転し、内旋する。
棘上筋	肩甲骨	上腕と肩関節包	肩を外転し、支持する。
大胸筋(鎖骨部)	鎖骨	上腕骨結節間溝の外側唇	肩を屈曲し、内転し、内旋する。
上腕二頭筋(2)	関節上結節と肩甲骨の烏口突起	尺骨近位	腕の主な屈筋。
肩の内転			
大胸筋	胸骨、鎖骨	上腕骨結節間溝の外側唇	肩を屈曲し、内転し、内旋する。
広背筋	肩甲骨下角、腰椎、胸椎(T7-T12)	上腕骨結節間溝	肩を伸展し、内転し、内旋する。
三角筋後部と前部(1)	鎖骨、肩甲棘、肩峰	上腕骨の三角筋粗面	肩を屈曲し、外旋し、内旋する。
大円筋	肩甲骨下角	上腕骨結節間溝の内側唇	肩を伸展し、内転し、内旋する。
烏口腕筋	肩甲骨の烏口突起	上腕骨中部	腕を屈曲する。
上腕二頭筋(2)	関節上結節と肩甲骨の烏口突起	尺骨近位	腕の主な屈筋。
上腕三頭筋(3)	上腕骨にある内側頭と外側頭、肩甲骨にある長頭	尺骨近位	腕の主な伸筋。

肩の外旋	起始	停止	解説
棘下筋	肩甲骨	上腕骨と肩関節包	肩を外旋する。
小円筋	肩甲骨	上腕骨と肩関節包	肩を伸展し、内転し、回旋する。
三角筋後部(1)	鎖骨、肩甲棘、肩峰	上腕骨の三角筋粗面	腕を伸展し、外旋する。
肩の内旋			
肩甲下筋	肩甲骨	上腕骨と肩関節包	肩を内旋する。
大円筋	肩甲骨下角	上腕骨結節間溝の内側唇	肩を伸展し、内転し、内旋する。
三角筋前部(1)	鎖骨、肩甲棘、肩峰	上腕骨の三角筋粗面	肩を屈曲し、内旋する。
大胸筋	胸骨、鎖骨	上腕骨結節間溝の外側唇	肩を屈曲し、内転し、内旋する。
広背筋	肩甲骨下角、腰椎、胸椎(T7-T12)	上腕骨結節間溝	肩を伸展し、内転し、内旋する。
肩の水平外転			
棘下筋	肩甲骨	上腕骨と肩関節包	肩を外旋する。
大円筋と小円筋	肩甲骨下角	上腕骨結節間溝の内側唇	肩を伸展し、内転し、内旋する。
三角筋後部と中部(1)	鎖骨、肩甲棘、肩峰	上腕骨の三角筋粗面	腕を伸展し、外転し、外旋する。
広背筋	肩甲骨下角、腰椎、胸椎(T7-T12)	上腕骨結節間溝	肩を伸展し、内転し、内旋する。
肩の水平内転			
大胸筋	胸骨、鎖骨	上腕骨結節間溝の外側唇	肩を屈曲し、内転し、内旋する。
三角筋前部(1)	鎖骨、肩甲棘、肩峰	上腕骨の三角筋粗面	肩を屈曲し、内旋する。
烏口腕筋	肩甲骨の烏口突起	上腕骨中部	腕を屈曲する。
上腕二頭筋(2)	関節上結節と肩甲骨の烏口突起	尺骨近位	腕の主な屈筋。
肘の屈曲			
上腕二頭筋(2)	関節上結節と肩甲骨の烏口突起	尺骨近位	腕の主な屈筋。
上腕筋	上腕骨前部(肘をまたぐ)	尺骨近位	前腕を屈曲する。
腕橈骨筋(4)	上腕骨外側上顆	橈骨遠位	前腕を屈曲する。
円回内筋	上腕骨内側上顆の上	橈骨	前腕と手を回内し、屈曲する。
肘の伸筋			
上腕三頭筋(3)	上腕骨にある内側頭と外側頭、肩甲骨にある長頭	尺骨近位	腕の主な伸筋。
肘筋	上腕骨外側上顆	肘頭突起	肘を伸展する。
手首と手の筋			
橈側手根屈筋(5)	上腕骨内側上顆	第2、第3中手骨底	手のひらを伸展し、外転する。
橈側手根伸筋	上腕骨外側上顆	第2、第3中手骨底	手のひらを伸展し、外転する。
短指伸筋	上腕骨外側上顆	指節骨背部表面	指を伸展する。
尺側手根屈筋(6)	上腕骨内側上顆と尺骨	豆状骨、豆中手靱帯、第5中手骨	手のひらを屈曲し、内転する。
浅指屈筋(7)	上腕骨内側上顆	第2-5中節骨底	指と手のひらを屈曲する。
長掌筋(8)	上腕骨内側上顆	手掌腱膜	手首を屈曲する。
母指伸筋、母指屈筋、母指対立筋	橈骨の遠位前表面、手の屈筋支帯	母指	母指を伸展し、内転し、外転する。

呼 吸

ピラーティスでは、深い完全呼吸をすることが大切です。筋に酸素を十分に供給してエネルギーを与えつつ、老廃物として出た二酸化炭素を完全に吐き出すためです。たいていの人は肺の機能を完全に使わず、肺の上部で短く浅い呼吸をしています。だから、初めてのピラーティスのレッスンで呼吸を学び直す必要があることを伝えると、驚くのです。

呼吸の目的は、細胞が機能するために必要な酸素を提供することです。細胞では基礎代謝反応が起き、ぶどう糖（食べ物に由来する単糖）が（肺からの）酸素と結合し、エネルギーと二酸化炭素と水を生み出します。休息時には基礎的なエネルギーが、エクササイズや激しい活動をするときはさらなるエネルギーが必要です。1呼吸で肺に入る空気の量（1回換気量）は、休息時の0.5ℓから激しいエクササイズ時の4.5ℓまで幅があります。

空気は気管に入り、気管支と呼ばれる2本の管を下ります。気管支の1本は（小さめの）左肺に、もう一方は（大きめの）右肺に入ります。肺の内部では、さらに狭い細気管支が、毛細血管網に覆われた肺胞という小さな袋に続きます。ここで細胞壁を通過してガスが交換されます。毛細血管内の赤血球が酸素で飽和状態になる一方、二酸化炭素が肺胞に移され、吐き出されるのです。

呼吸とストレス

呼吸をコントロールする神経は2種類あります。1つは脊柱上部から始まり、もう1つは消化器系、喉頭、心臓に関連します。多くの人はストレスがあると速くて浅い呼吸をしますが、そのときに吐き気、動悸、ドライマウスを経験することがあります。呼吸パターンを変えて深くゆっくりした呼吸にすると、ストレス症状を緩和し、すぐに気分をよくすることができます。

深い完全呼吸 ピラーティスで教える呼吸スタイルは、歌手、俳優、司会者、運動選手のパフォーマンスの向上に役立ちます。

呼吸

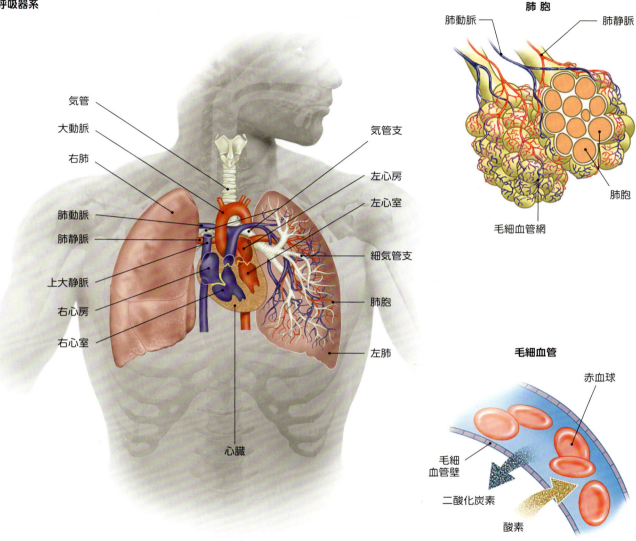

呼吸器系

気管／大動脈／右肺／肺動脈／肺静脈／上大静脈／右心房／右心室／心臓／気管支／左心房／左心室／細気管支／肺胞／左肺

肺胞

肺動脈／肺静脈／肺胞／毛細血管網

毛細血管

赤血球／毛細血管壁／二酸化炭素／酸素

　酸素の豊富な血液は肺静脈を通って左心に入り、ポンプで大動脈に送られます。血液は大動脈から動脈と毛細血管を通り、皮膚、内臓、筋など体内のすべての細胞に栄養を供給します。血液が最も狭い毛細血管を通るとき、赤血球が酸素を手放し、老廃物の二酸化炭素を取り入れる一方で、ブドウ糖などの栄養が細胞壁を透過して必要な部位に送られます。

　細胞内ではさまざまな反応が生じ、ブドウ糖と酸素が結合してエネルギーが生まれ、血液が老廃物の二酸化炭素と水を取り込みます。二酸化炭素は右心を経由して肺動脈から肺胞に入り、排出されます。過剰な水分は腎臓で排泄されます。

　息を吐くとき、喉頭で音をたてることができます。喉頭にある複数の軟骨は内側が粘膜で覆われています。その中に声帯と呼ばれる2つの線維性の組織のひだがあり、肺から出た空気が通るときにそれが震動して音を出すのです。これらの音を舌や口や唇で修正すると、言葉になります。喉頭の上部で甲状軟骨に付着しているのは喉頭蓋です。これは、飲み込んだ食べ物や唾液や飲み物が気管に入らないよう、喉頭を覆うふたです。

ピラーティスの呼吸

ジョゼフ・ピラーティスによると、「怠けた呼吸をしていると、肺は……病に冒された細菌や死にかけた細菌、死んだ細菌が積もる墓場に変わる」が、完全呼吸をすれば血液の浄化に役立ち、心臓への負荷を減らし、「肺から不純な空気の原子をすべて絞り出す」そうです。ピラーティスでは、肋間式呼吸や側方呼吸と呼ばれる呼吸法で完全呼吸をします。この呼吸では、腹筋を引き締めたまま、胸郭を外側へ拡張することに集中します。腹筋を弛緩させて腹部を外側に押し出す腹式呼吸の逆です。

肺を完全に拡張するためには、正しい姿勢が欠かせません。前屈みになっていたり、顎がのけぞっていたりしたら、気道を開きことができず、呼吸をコントロールする肋間筋が完全に伸びません。息を吸うと、肋骨は外側と後ろに拡張し、腹筋が長くなります。肩が上がったり、首が緊張したりしてはいけません。どちらも肺の上部でしか呼吸をしていないことの証拠だからです。

息を吐くとき、腹筋は短くなり、肋骨を下に引きます。この運動をコントロールできないと、脊柱は前に曲がり、肋骨が腹部に落ちます。息を吐くとき、脊柱と胸骨に付着する肋骨上部がやや回旋し、肋骨下部がセンターに向かうため、胸部の左右と奥行きは狭くなります。

正しい呼吸はエクササイズに役立ちます。一般に、体を収縮させる動きをするときは息を吐き、体を伸ばしたりセンターに戻したりするときは息を吸います。しかしエクササイズによって呼吸パターンは異なります。また、腹横筋を使わなければいけないときは、息を吐くよう指示されるかもしれません。鼻から息を吸い、口から吐く呼吸法は、肺を効率よく満たしたり、空にしたりするのに最適です。

呼吸をコントロールする 呼吸に集中すると、初心者はリラックスし、ピラーティスのリズムをつかみやすくなります。

呼吸のスタイル

歌手やパフォーマーは、大きな声を出せるようデザインされた腹式呼吸を使うよう教えられますが、ピラーティスの呼吸は腹式呼吸とは異なります。横隔膜が空気を押し出すときに腹部を拡張したり収縮したりし、横隔膜に力を添えるからです。ヨーガをやっている人は、さまざまにコントロールした呼吸をエクササイズに応じて活用します。ヨーガで動きを補助するために使う呼吸は、ピラーティスで使う呼吸とはかなり異なります。しかし、ヨーガを習ってからピラーティスを始める人は、コントロールしながら呼吸をする方法を学んであるという点で有利です。

息を吸う — 胸郭が外側と後方に拡張する / 横隔膜が上がる

息を吐く — 腹筋が収縮し、胸郭を引き下げる / 横隔膜が下がる

ピラーティスの呼吸 ピラーティスでは、脊椎のアライメントや姿勢を保ちながら、肺を最大容量まで拡張します。

呼吸 45

呼吸法を学ぶ

呼吸筋を強化する簡単なエクササイズはいくつもあります。ぜんそくや気腫など呼吸に問題があるクライアントや、脊柱後湾など上体の姿勢に問題のあるクライアントにはとくにメリットがありますが、側方呼吸の原理を理解できない人にも効果的です。

ピラーティスのエクササイズでは、運動に合わせて呼気や吸気の時間を変えなければなりません。時間があるときを見つけて、呼吸を練習しましょう。鼻から4、6、8、10カウントで息を吸い、それより少し長い時間をかけて口から息を吐きましょう。息を吐くときにやさしく吹く人もいますが、それでかまいません。この呼吸パターンを早く自然にできるようになれば、それだけ早くエクササイズで要求される筋の運動だけに集中できます。

スカーフに向けて側方呼吸をする

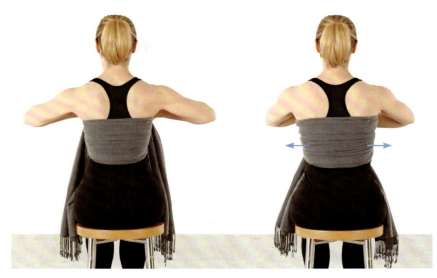

1. 椅子かスツールに座って背筋を伸ばします。鏡を前に置くとよいでしょう。上背部にスカーフを巻きます。腕のつけ根のすぐ下から肋骨下部まで覆い、両端をきつく引っ張り、肘を軽く曲げて外に突き出します。鼻から息を吸い、肋骨がスカーフを外側に押すのを感じます。肩が上がっていないかどうかを鏡でチェックしましょう。

2. 口から息を吐きながら、やさしくスカーフを引き締め、肋骨がゆっくり、コントロールされながら内側に動くのを感じます。10回繰り返し、胸を開く感覚に気持ちを集中させます。呼吸筋の動きを感じましょう。

背中に息を入れる

1. 椅子かスツールに座って背筋を伸ばし、鏡を前に置きます。鼻から息を吸い、空気を背中に導きます。下を見たり、肩を前に突き出したりはしません。背中の肋骨の間にある肋間筋の使われていない部分が外側に開くようすをイメージしましょう。5つカウントします。

2. 8か9カウントで口から息を吐きます。ゆっくり、同じ速さで10回繰り返します。

姿勢

ピラーティス・スタジオで、真っ先に
姿勢の問題に取り組むのは
理にかなっています。
筋のバランスが悪かったり
位置がずれていたりすると、
筋が本来の機能を果たさず、やがて胸椎や
腰椎が損傷する可能性があるからです。

　病気や先天性の症状、事故後の後遺症はすべて、背部痛や関節の不調の原因になります。しかし西洋社会において最も多い原因は、姿勢の悪さです。骨が成長途上の若い頃から姿勢が悪くなることもあります。級友より背が高いことを気にして猫背になる子もいれば、片方の肩でばかりかばんを持つ子もいるでしょう。また、若い頃から座りがちな生活をし、定期的に運動する習慣が身についていない子もいます。

　大人になると、職業的な理由で姿勢が悪くなることがあります。事務仕事やパソコンを使う仕事が多い人には、首や肩のこりや脊柱後湾症（p.49を参照）が多くみられます。電話オペレータや歯科医など、体の片側ばかりを使う職業の人は、使わないほうの筋が硬くなり、短くなります。仕事柄、重い物をたくさん持つ人は、下背部痛を防ぐためにコアの安定性を強化する必要があります（仕事中の姿勢に関する助言はp.52-53を参照）。

　急性背部痛の原因は、必ずしも極端ではありません。スーパーのカートを持ったまま体をひねるという単純な動作が引き金になる場合もあります。しかし、根本的な原因は運転中の姿勢の悪さや、足を組むことや、無理な姿勢でかばんを持つこと、猫背で歩き回ることなどです。ハイヒールを履くと体が前に傾くので、バランスをとろうとして体を反らします。すると下背部のアーチが強まり、下背部痛を悪化させることがあります。太りすぎた人、とくに胴囲が太い人も、腹部が前に突き出て骨盤が前傾するため、下背部で問題が生じます。

注意すること　だれでもときには前屈みになりますが、ピラーティスをするとつねに姿勢を意識するようになります。

足

足に問題があったり、足に合わない靴をずっと履いていたりすると、やがて姿勢のバランスが崩れます。裸足でも靴を履いていても、足にかかる体重は、かかとより前の、足首とほぼ並ぶ辺りを頂点として、足指関節のつけ根辺りを底辺とする三角形でバランスをとりましょう。大きすぎる靴や、足のアーチに対して浅い靴を履いていると、歩くときに靴が脱げないよう足の筋が緊張します。靴が足のどこかにあたると、別の領域に体重をかけざるを得なくなります。マメ、槌状足指、扁平足、足底筋膜炎、痛風、関節炎があると、体重が均等にかからなくなります。すると、膝、股関節、骨盤のアライメントがゆがんだり、脊柱にまで関連症状が現れたりするなどの連鎖反応が生じます。

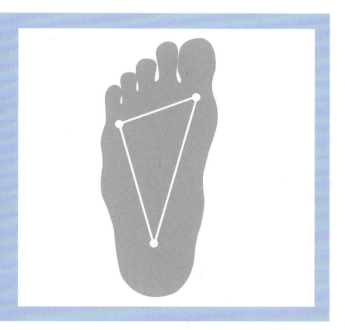

スポーツでは、ある筋を犠牲にして別の筋群が発達するため、骨や関節がアライメントからはずれるほど引っ張ったり、代償としてほかの筋に負荷をかけたりすることがあります。1つの筋群がほかの筋群より強くなると、問題が生じます。たとえばアスリートは大腿四頭筋がとても発達することがありますが、そうなるとハムストリングスが硬くなりすぎるため、骨盤が後傾して腰痛になったり、体が硬くなったりします。

小さなけがでも、見過ごしていると連鎖反応が起きて慢性痛につながることがあります。たとえば足首をねんざすると、何週間か足を引きずるでしょう。すると新しい歩行パターンに筋がすぐに慣れてしまい、長期的に姿勢が変化することがあります。脊柱後湾、前湾、側湾（p.49-50を参照）などの徴候が現れると、体がバランスを取り戻そうとするにつれて雪だるま式に影響が出ます。姿勢の問題を緩和するコツは、姿勢筋を強化して長くするエクササイズを集中的に行い、つねによい姿勢を維持するよう心がけることです。歩くときも、座るときも、荷物を持つときも、仕事中も自宅でも、腹筋を軽く引き締め、脊椎をまっすぐにし、手足を楽にしましょう。

新しいクライアントの姿勢評価をする際に私が普段使っているチェックリストを、p.228-230に載せました。姿勢の問題や体の対称性を診断するとき、私はまずはこのリストにしたがって調べます。

持ち上げる、運ぶ　体の前で重い荷物を持つと、脊柱が前に引っ張られます。物を持ち上げるときの助言はp.53を参照してください。

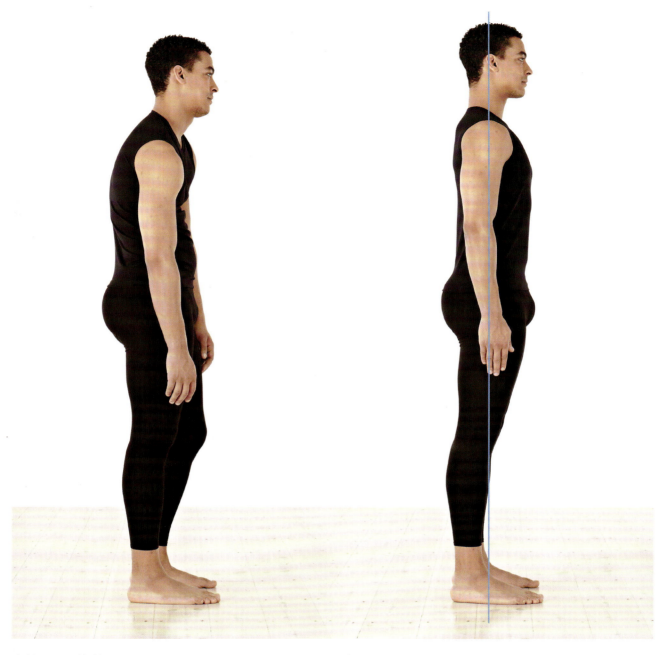

立位の悪い姿勢
立位の姿勢が悪いと、次のようになります。
- 身長が低くなる
- 腹筋が弱い
- 頭部が傾くために、首が緊張する
- 上体が緊張するために胸筋が短縮し、呼吸がさまたげられる
- ハムストリングスと殿筋が均等に働かず、片側の股関節に傾く

立位のよい姿勢
立位の姿勢がよいと、次のようになります。
- 胸が開く
- 首が長くなる
- 上背部が支えられ、肺が完全に機能する
- 腰椎の自然なカーブが維持される
- 股関節が水平になるので、腹筋、ハムストリングス、殿筋、内太腿が正しく働く

よくある姿勢の問題に対処する

脊椎のアライメントの悪さはほかの部位のアライメントにも影響するため、1つ問題があれば、ほかにも問題があるものです。ピラーティスのレッスンのたびに正しいアライメントになるようワークし、患部を強化し、日常生活でどう対処するかを助言することが大切です。以下に、姿勢の悪化につながるよくある問題を挙げます。p.236-237には、初心者向けの姿勢矯正エクササイズも紹介しました。

脊柱後湾

胸部のカーブが強まる脊柱後湾は、年をとるとよく生じます。胸が閉じ、完全な呼吸ができなくなり、肋骨と脊椎を垂直に保つ働きをする肋間筋が緊張しはじめます。するとやがて、肩の筋が短縮し、腕の動きが制限されます。体重を体の前方で支えるようになるため、内臓の位置もずれます。若いうちに脊柱が後湾している人は、脊柱上部の伸筋群を鍛えると、姿勢がよくなります。横になるときは、いつも枕で頭と肩を支えましょう。

脊柱前湾

腰の前湾とは、腰部のカーブが強まる症状です。腰椎が前湾した人は、腹筋を効率よく使えないので、脊柱下部を支えられず、骨盤が前傾し、骨盤底筋が弱化します。広背筋、殿筋、ハムストリングス、内転筋群も弱くなります。また、消化器系の障害、膀胱が圧迫されることによる頻尿、坐骨神経痛、腰椎の椎間板脱出、脊椎の脱臼も起きます。腹筋を鍛え、脊柱下部の伸筋や腸腰筋を強化すると、これらのよくある症状を緩和できます。横になるときは、足を高くして下背部を支えましょう。

頸椎が前湾すると、顎が前に突き出し、肩の先端を走行する鉛直線より耳たぶが前に出ます。一般には脊柱後湾が原因なので、脊柱後湾を改善する方法に従いましょう（上記を参照）。

スウェイバックした脚

足がスウェイバックのときは、体重が背中にかかり、膝関節が正常の可動域以上に伸展します。このような人は肘にも同じ症状が出ているでしょう。ダンサーには都合がよいでしょうが、殿筋、ハムストリングス、内転筋を強化してコントロールしないと、脊柱が前湾します。

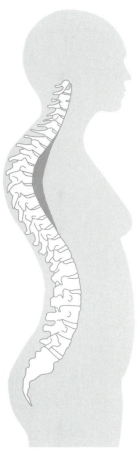

脊柱後湾

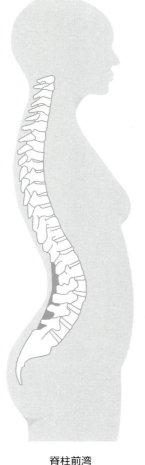

脊柱前湾

脊柱側湾

脊柱が側湾すると、脊椎が胸部や腰部で片側に傾いてＣ字を描いたり、上体の上下で逆方向にカーブしてＳ字型を描いたりします。すると個々の椎骨が、カーブする方向に回旋し、ねじれます。構造性側湾症は、側湾が回復せず、椎骨が回旋したままで固定されます。横になっているときもそのままで、エクササイズや姿勢矯正で治すことはできません。非構造性の側湾はそこまで深刻ではありません。カーブの程度も小さく、横になるともとに戻ります。側湾の程度はさまざまです。いつも重いかばんを片方の肩にかけて何年も偏った姿勢でいたことや、けがが原因になります。非構造性の側湾は、適切な前屈や側屈のエクササイズを取り入れ、横になるときの姿勢を変えれば、矯正できます。脊柱側湾と診断されたら、エクササイズ前にレントゲン写真を撮り、医師の助言を得ましょう。

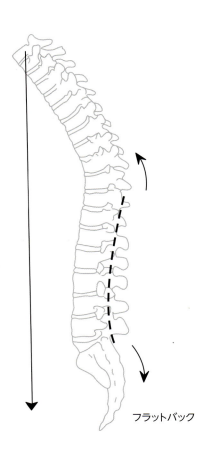

フラットバック

フラットバック

腰部のカーブが平らになり、骨盤が後傾し、股関節の筋に負荷がかかる状態です。脊柱上部に影響し、顎が前に突き出ることもあります。腰を後ろに伸ばしたり、股関節屈曲筋を強化したり、ハムストリングスと殿筋をストレッチしたりするエクササイズが有効です。エクササイズ前にはつねに姿勢を正し、脊椎が自然なカーブを描くようにしましょう。

脚の左右差

クライアントの股関節の一方がもう一方より高くても、脚の骨の長さに左右差があるわけではありません。クライアントが習慣的に足を組んで座ったり、体重を片側にかけたりしたために、股関節の筋が硬くなったり腰の筋が短縮したりしているのでしょう。下肢、腹筋、下背部向けの基礎的なエクササイズを集中的に行いましょう。グルテアル・スクイーズ（p.72を参照）では、片方のお尻のほうが硬いときは弱いほうからスクイーズし、強いほうは1-2秒たってからスクイーズしましょう。硬い部位があるときは、その部位向けの適切なストレッチをしましょう。

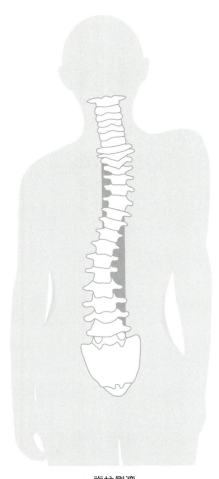

脊柱側湾

肩の高さが異なる

　脊柱側湾の症状かもしれませんが、仕事中の姿勢が問題のことも多いものです（パソコンのマウスを使う側のほうが緊張している）。このようなクライアントは前鋸筋が弱化しているので、腕の下に枕を入れ、脇を引き締めてワークしましょう（p.122を参照）。上体のワークをすべて行ったうえで弱いほうを追加で繰り返しますが、その部位が鍛えられるまでウェイトは使わないようにしましょう。

足の重心が異なる

　足の前方で体重のバランスをとる人は、つま先がかぎ爪のように巻いていることがあります。前につんのめらないように、指先で床をつかむからです。これはハイヒールをいつも履いている人によくある症状です。かかとで体重のバランスをとる人は、つま先が上を向いています。足の外側に乗っている人はO脚、内側に乗っている人はX脚になります。靴を脱いだクライアントを見てもはっきり診断できないときは、履き古した靴を見て、足底のいちばんすり減った場所を見つけましょう。

　マメ、扁平足その他の足の不調をみると、クライアントが足に均等に体重をかけておらず、膝と股関節がアライメントからずれていることがわかります。体重が均等にかかっていないクライアントを治療するときは、クライアントが不自然に感じてもかまわないので対称の位置に足を引き寄せてもらい、脚のアライメントを矯正しましょう。これは足の筋の強化にも役立ちます。p.240で紹介する「フット・ドーミング」という簡単なエクササイズがおすすめです。

日常的な動作が脊柱に影響する

脊柱に負荷がかかる位置で長時間座ったり立ったりしていると、筋が短縮し、椎骨が引っ張られてアライメントからはずれます。ハイヒールを履くと足に問題が生じるだけではありません。バランスをとるためにつま先にもたれかかるので、骨盤が前傾し、上体を後ろに引くことになり、腰のアーチを強め、いずれは問題になります。ゴルフ、クリケット、テニス、ホッケーなどのスポーツではクラブやバット、ラケットやスティックを同じ手で持つので、道具を持たないほうの手も等しく鍛えなければ、持つ側の筋ばかりが発達します。習慣的に片側ばかり使っていると、側湾につながります。日常生活のすべての行動——同じほうの脚ばかりを組んだり、ソファでくつろぐときに同じ方向にばかり足を曲げたり——を意識し、対称でバランスのとれた上体を保つようにしましょう。

ハイヒール　夜の外出にハイヒールを履く程度ならかまいませんが、毎日長時間履くと、筋骨格系の問題が生じます。

ライフスタイルを調整する

クライアントの姿勢に問題があるときは、物を持ち上げる、机の前に座る、運転する、あるいは片側ばかり使う道具を持つときそれぞれで、よい姿勢を確認しましょう。仕事や日常生活で長時間同じ活動をする人はとくにです。

立ち仕事が多い人は、p.48のよい姿勢を"ほぼつねに"保ち、片方の股関節だけに体重をかけないようにしましょう。体重は、両足の三角形に均等にかけます（p.47の囲み記事を参照）。ハイヒールは短時間履く分にはかまいませんが、長時間履くのはやめましょう。脊椎や関節が弱い人は履かないのがいちばんです。同じ靴を長時間履くより、一日中いろいろな高さの靴を履くのが理想です。

机に向かうときは、膝と股関節が直角に曲がり、両足が床にしっかりつく高さの椅子に座りましょう。言いかえれば、椅子の高さを膝裏からかかとの底までと同じにするのです。大腿はできるだけ広く座面につけ、背もたれに心地よくよりかかります。書類を読んだりパソコンをタイプしたりするときに前屈みにならないよう、椅子はきちんとひきましょう。理想的な机の高さは、肘が両脇で直角に曲がり、前腕を机の表面における高さです。パソコンのスクリーンを適当な角度に傾け、下を見たり上を見たりせずにまっすぐ前を見ることができるようにしましょう。たくさん書類を読む人は、平らな机に書類を置いて頭を下げて読むよりも、傾斜のついた製図台を買うとよいでしょう。

座位のよい姿勢
姿勢が悪いと、次のようになります。
- 脊柱が後湾する
- 首が緊張する
- 胸が閉じ、呼吸がさまたげられる
- 腹筋が弱化する
- 腕がうまく使えない

座位のよい姿勢
姿勢がよいと、次のようになります。
- 胸が開く
- 首が長くなる
- 上背部が支えられる
- 腰椎の自然なカーブが保たれる
- 腹筋を使う

私のスタジオには、パソコンのマウスを使うせいで右肩が硬くなったクライアントがたくさん来ます。（右利きの人が多いので）右手の細かい運動が必要とされるからです（左利きの人は左側に同じ問題が生じます）。マウスを操作するときに前腕を机に置くと、緊張が肩まで届きません。反復的なねんざから手首を守り、未然に発症を防ぐためには、手首用の特殊なサポーターを買いましょう。定期的に休憩をはさみ、硬くなったと感じる部位を楽にしましょう（p.144-149のストレッチから選ぶこと）。このページで紹介したエクササイズで、手首と手の背部を強化しましょう。

長時間電話をする人は、ハンズフリーの機種を使うか、左右の手で交互に電話を持つようにしましょう。両手で作業しながら肩と耳で受話器を挟むと、首の大事な構造に圧がかかるので、絶対にやめてください。

物を持ち上げる作業をする人は、腰椎に気をつけましょう。かがんで膝をロックし、上体で背中を伸展すると、いずれけがをします。ひねる動作も加わればなおさらです。膝を曲げて、持ち上げる荷物と同じ高さまで腰を落とし、それから足の筋で自分の体を持ち上げ、脊椎の自然なカーブを保ちましょう。重いかばんを持つときは、体の両側にほぼ同等の重みがかかるよう、荷物のバランスをとりましょう。

 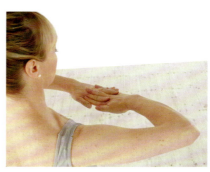

手を組む
50%程度の力で両手を組みます。
次に、抵抗しながらゆっくり両手を引き離していきます。

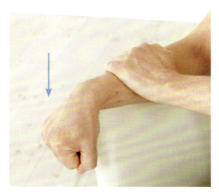 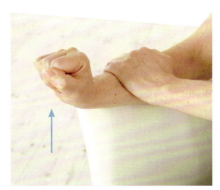

手首の運動
軽くこぶしを握り、前腕を椅子の肘掛けに置きます。
手を上下左右に動かします。

プレピラーティス・エクササイズ

私は何年もの間、ピラーティスの基礎を初心者に伝えるエクササイズを開発し、活用してきました。初心者はこれらの動きを通じて、基礎的なエクササイズのポジションをとる方法、単純な動きと呼吸を協調させる方法、エクササイズのペースと流れを理解します。そして、必要に応じてさまざまな筋群をアイソレートし、コントロールする方法を身につけ、筋記憶を形成して腹筋や殿筋、広背筋のほか、そのときどきで必要な筋群を使えるようになります。まずこれらのエクササイズを完成させてから、「34」のむずかしい動きに取り組むことをお勧めします（p.150-219を参照）。

半仰向けのエクササイズ	56
うつぶせのエクササイズ	70
半仰向けの腹筋のエクササイズ	80
バランスボールを使ったエクササイズ	90
側臥位のエクササイズ	96
ヒップ・ロール・エクササイズ	108
手と膝をついたエクササイズ	114
座位の上部体幹のエクササイズ	120
ハンドウェイトを使ったエクササイズ	130
脚のワーク	136
ストレッチ	144

半仰向けのエクササイズ
Semi-supine exercises

仰向けのポジションとは、脚を伸ばして、背中を下にして横になる姿勢です。ピラーティスで「半仰向け」というときは、膝を曲げて足裏を床につけて、背中を下にして横になります。これは、プレピラーティス・エクササイズの多くで最初のポジションになります。

半仰向けは、腹筋のコントロールを学ぶのに便利なポジションです。脊椎の自然なカーブを支えられるうえに、座位や立位と違って椎間板に圧がかからないからです。腹筋を目で見て、指を置いて動作を感じれば、体の他の部位を動かさなくても腹筋を見分けて動かすことができます。初心者を指導するとき、私はまず、半仰向けのポジションになり、骨盤をニュートラルにする方法を教えます。次に呼吸を指導し、腹式呼吸とピラーティスのエクササイズで使う側方呼吸の違いを考えてもらいます。それから、ピラーティスのすべての動きの準備となる腹筋の使い方に進みます。基礎的なプレピラーティス・エクササイズでは、いつも初心者には動く前に腹筋を使うよう指示します。しかし、ピラーティスを何週間か学べば、腹筋は自然に使えるようになります。これはエクササイズ中に骨盤を安定させ、脊椎を守るためであり、全体系の鍵を握る要素でもあります。

半仰向けのポジション
The Semi-supine Position

初心者がこのポジションを理解できるよう、十分に時間をかけましょう。姿勢に問題があると、体が非対称になったり、骨盤が傾いたりします。姿勢の問題を直し、正しいポジションの場合はどのように感じられるかを理解し、自分でそのポジションを見つけられるようになってから、エクササイズを始めることが重要です。

半仰向けのポジションでは、腰椎を無理に床につけてはいけません。重力と内臓の重みで、脊椎が自然に最も快適なポジションになるようにし、腰椎と床の間にわずかな隙間を残しておくのです。骨盤をニュートラルにし、ASISとPSISがそれぞれ水平になるようにしましょう（p.31を参照）。体幹の重みは、骨盤と肋骨背部にのせます。肋骨が床の上に広がり、首が長くなってゆるんでいると想像し、天井を見ます。両腕を脇にたらしますが、手のひらは上向きでも下向きでも、自然に感じるほうでかまいません。

正しく半仰向けのポジションになれたら、鼻から息を吸い、口から息を吐きます。それから腹筋も使うと（p.58のスタティック・アブを参照）、大半のピラーティス・エクササイズの準備になります。脊椎のアライメントを正しく維持するよう注意します。膝の間に入れたクッションを押しつけず、胸と肩をゆるめて床に置きます。腹筋群をアイソレートできるようになれば、腹筋を使ってもほかの部位が緊張することはありません。単純に思えるかもしれませんが、半仰向けのポジションで呼吸法と腹筋の使い方をしっかり習得してから、先に進んでください。エクササイズで骨盤を固定して腹筋を使うと指示されたら、今後は次のように行ってください。

仰向けに横になり、膝を曲げ、足を床につけ、股関節と一直線にします。足を平行にし、かかとの手前を頂点として中足骨に沿った線を底辺とする足底の三角形で体重のバランスをとります。頭の下に小さなブロックか枕を入れて首を支え、膝の間に巻いたタオルを入れて腰幅を保ってもかまいません（5-7cmほど）。骨盤がニュートラルなポジションで水平で、尾骨から左右の股関節まで床に心地よくついているかどうかを確認します。ASISとPSISの頂点が水平でないときは、水平になるよう骨盤を調整します。

58　プレピラーティス・エクササイズ：半仰向けのエクササイズ

半仰向けのポジションで呼吸をする　半仰向けになり、頭の下に小さなブロックを、膝の間に巻いたタオルを入れます。手の甲を肋骨の側面にあて、鼻からゆっくりと流れるように胸郭に息を吸い入れ、肺の容量をできるだけたくさん使います。胸郭を外側に拡張し、息を吸うときに肩が上がらないようにします。顔の筋をゆるめたまま、口からやさしく息を吐きます。

スタティック・アブ　半仰向けになり、頭の下に小さなブロックを、膝の間に巻いたタオルを入れます。鼻から深く息を吸います。口から息を吐くとき、大きな手でウェストラインを包み込まれたみたいに、坐骨、腰骨、肋骨下部（浮肋骨）がセンターラインに引き寄せられると想像してください。最後に、骨盤と腰椎を動かさずに、へそをやさしく引き下げます。なめらかに深く呼吸しながら、10回繰り返します。

バリエーション

クライアントの脊柱が前湾しているときにありがちですが（p.49を参照）、腰椎がアーチを描いて床から離れる場合は、足を小さなボックスか椅子、重ねたブロックの上に置き、下背部を半仰向けのポジションにカーブさせます。

同じく脊柱が前湾しているときにありがちですが、レッグ・スライド（p.66-68を参照）のように脚を動かすエクササイズをしているときに腰椎がアーチを描いて床から離れたら、上部体幹の下に枕を入れて、高くします。

腹筋を使う

スタティック・アブでは、半仰向け時の腹筋の使い方を身につけますが、この原理はどのポジションにもあてはまります。立位でも、座位でも、うつぶせでも、側臥位でも、大きな手がウェストラインを包んでいるところを想像し、それからへそを引き入れて腹筋を使うのです（側臥位と、手と膝をついたポジションで腹筋を使うときの方法についてはp.98とp.118を参照）。こうすると腹横筋を使いやすくなるので、運動時に腹壁が外に膨らんで、骨盤が前傾し、腰椎のアーチが強まるといったことがなくなります。ピラーティスのエクササイズはどれも、体幹を固定するために腹筋を使うよう要求します。だから、とくに指示されなくても、動く前にはつねに腹筋を使いましょう。日常生活でも腹筋を軽く使っていれば練習になるうえ、お腹が平らになるというおまけもついてきます。

ターゲットにする筋

半仰向けのポジションでの呼吸：

横隔膜、内肋間筋、外肋間筋、腹筋群、広背筋

スタティック・アブ：

腹横筋、骨盤底筋、内腹斜筋、外腹斜筋、すべての呼吸筋

ペルビック・ティルト
Pelvic Tilts

これらのエクササイズは「ティルト(傾斜)」と言われますが、実際には尾骨をカールしてマットから離すと考えてください(腰椎を長くし、下部腹筋を使うのです)。スモールバージョンとラージバージョンを紹介するので、ぜひ習得してみましょう。

　ペルビック・ティルトは、骨盤と腹部の筋の強化、安定、コントロールに効果的です。スモールでもラージでも準備は同じです。しかし、スモール・ペルビック・ティルトでは、尾骨がちょうどマットから離れる程度までしか尾骨をへそに向けず、背中の大部分は床につけたままです。一方ラージ・ペルビック・ティルトでは肩甲骨の下までカールアップするので、下背部までが床から離れます。腹筋を使いながら、ゆっくりとコントロールした動きで、マットまで下りましょう。

　チェックポイントはいくつかあります。まず、上体をリラックスさせて床につけ、首の後ろを長くし、顎を軽く引きます。エクササイズ中、股関節、膝、足が一直線になっているか、太腿でタオルを締めつけすぎていないかをチェックします。脊椎を持ち上げると伸展しがちですが、脊椎は屈曲を保ちます。

　腰が痛くなったらすぐにエクササイズをやめましょう。腹筋が腰椎を保護していないからです。膝や下背部に問題がある人は、スモール・ティルトから始めてください。

　ラージ・ペルビック・ティルトにはレベルが2つあります。レベル1を完全にマスターしたら、腕の動きも取り入れたレベル2に挑戦しましょう。

ターゲットにする筋

- 脊柱の屈曲筋:腹直筋、内腹斜筋、外腹斜筋
- 脊柱前面の固定筋:腹横筋
- 骨盤底筋:尾骨筋、肛門挙筋
- 股関節の伸筋:大殿筋、ハムストリングス(半腱様筋、半膜様筋、大腿二頭筋)

スモール・ペルビック・ティルト

1. 半仰向けのポジションで横になり、頭の下に小さなブロックを、膝の間に巻いたタオルを入れます。息を吸います。

2. 息を吐きながら、腹筋を使い、尾骨をカールして指3本分持ち上げます。肩をやわらかく保ち、太腿を締めつけないようにします。息を吐きながら、カールダウンします。10回繰り返します。

ラージ・ペルビック・ティルト

レベル1

1. 半仰向けのポジションで横になり、膝の間に巻いたタオルを入れます。息を吸います。

2. 息を吐きながら、腹筋を使い、尾骨をカールして持ち上げます。肩甲骨の上に体がのるまでカールアップします。息を吸います。息を吐き、体幹前部の筋で動きをコントロールしながら、脊椎を床までカールダウンします。10回繰り返します。

レベル2

1. レベル1のステップ1-2を行ってから、両腕を天井に向けて上げます。手のひらを向かい合わせにし、肩を下ろします。

2. 腕を空中に残したまま、息を吐いてゆっくりカールダウンします。腕を最初のポジションに戻します。10回繰り返します。

アッパー・トルソ・リリース
Upper Torso Release

このエクササイズでは、腕を左右に動かすことで、硬くなった肩甲骨をゆるめ、動かします。エクササイズ中、前腕を一直線に保つように心がけましょう。

ステップ1では、肩甲骨をゆるめて床につけると考えながら、両腕で四角形を作ります。この四角形を、肘で導きながら左右に動かします。頭をまっすぐに保ち、天井を見ます。肘が床についたとき、反対の肩がストレッチするのを感じます。腕を低くするときに息を吸い、センターに戻るときに息を吐きます。つねに腹筋を軽く使います。

ステップ4で円を描くときは、前腕が耳をかすめるようにします。頭を正面に向けたまま、前腕を一直線に保ちましょう。

ターゲットにする筋

- ローテーターカフ：棘上筋、棘下筋、小円筋、肩甲下筋、大円筋
- 肩甲骨の固定：僧帽筋、広背筋、前鋸筋
- 腕の運動：大胸筋、三角筋

1. 半仰向けのポジションで横になり、膝の間に巻いたタオルを入れます。胸骨の真上で前腕を組み、肩をゆるめて床につけます。

2. 息を吸い、右肘を体の右側の床につけます。前腕の直線を保ち、左腕を胸の反対側まで引きます。

アッパー・トルソ・リリース

3. 息を吐きながらセンターに戻ります。息を吸って左肘を体の左側の床につけます。ステップ2-3を10回繰り返します。

4. 息を吐いて、前腕を組んだまま、頭上まで腕で円を描きます。

5. 息を吐きつづけながら、前腕を組んだまま、腕を頭上からぐるりと回してセンターに戻します。円を描く方向を交互に換えながら、ステップ4-5を10回繰り返します。

バリエーション

このエクササイズの最初のポジションでは背中を床につけて前腕を組みますが、肩甲骨があまりに硬いクライアントは、この状態のときに不快感を覚えます。その場合、CD大の小さな物を体の前で持ち、エクササイズをしてもかまいません。

ウィンドミル
The Windmill

このエクササイズも
肩と上背部の緊張をほぐす効果があるほか、
呼吸と運動の協調の取得に役立ちます。

コンピュータを使う作業に何時間も費やすような現代、首と肩のこりは風土病ともいえるほど蔓延しています。私のスタジオを訪れるクライアントの大半は多かれ少なかれ僧帽筋がかたまっていて、深刻な場合は神経が絞扼し、脊椎が圧迫され、頭痛に悩まされ、肩が硬く、痛くなっています。長期的には、上部体幹を固定し、腕の運動時に首や肩をすくめて動かすのではなく背筋を使うように教えることが、このエクササイズの目的です。しかし最初は首や肩の硬さをとるようにします。ウィンドミルは簡単にできるので、理想的なのです。

肩の筋が弱くて脱臼の恐れがあるときは、レベル2はしないでください。肩甲骨の下辺りに小さく巻いたタオルを入れると、上体の緊張をゆるめるのに役立ちます。しかし、五十肩の人や肩関節に制限がある人は、やらないでください。頸椎を支えるために頭の下にクッションかブロックを、骨盤のアライメントを保つために膝の間に巻いたタオルを入れます。

呼吸に集中し、肋骨を外側に広げます。腹筋を使ってこの運動を支え、下背部がアーチを描かないようにします。レベル1を完全に習得し、なめらかで流れるように腕を動かせるようになってから、レベル2に進みます。

ターゲットにする筋

- ローテーターカフ：棘上筋、棘下筋、小円筋、肩甲下筋、大円筋
- 肩甲骨の固定：僧帽筋、広背筋、前鋸筋
- 腕の運動：大胸筋、三角筋

レベル1

1. 半仰向けのポジションで横になり、頭の下に小さなブロックを、膝の間に巻いたタオルを入れます。息を吸います。指先を伸ばして、腕をまっすぐ天井に上げます。肩をゆるめて床につけます。

2. 息を吐きながら、左腕を床に向けて股関節の横まで下ろし、右腕を頭の横まで上げて後ろにもっていきます。

3. 息を吸いながら、両腕を最初のポジションに戻します。次に右腕を前に、左腕を後ろにして、この動きを繰り返します。息を吐いて腕を下ろし、息を吸って腕を上げながら、ステップ2-3を10回繰り返します。

レベル2

1. レベル1を終えたら、ステップ2のように腕を床に下ろします。

2. 息を吸って、腕を伸ばしたまま、片方の手のひらを上、もう一方の手のひらを下に向けて、床の上で反対方向に半円を描きます。腕が肩の高さに来たら、腕を回旋して手のひらを逆に向けます。

3. 息を吐きながら、円を描く運動を続けます。息を吸いながら、レベル1のステップ1のように、腕を肩の高さで天井に向けた最初のポジションに戻ります。次に、運動の方向を換えます。各方向に5回ずつ円を描きます。

レッグ・スライド
Leg Slides

このエクササイズでは、下部腹筋を使って腰椎と骨盤を固定します。エクササイズ中はずっと、下部腹筋を使っている感覚をもてるはずです。

　骨盤を固定せず、腹筋も使わずに脚を体からスライドしたら、骨盤が傾き、背中がアーチを描くでしょう。骨盤をニュートラルに保つためには、脚を動かす「前に」腹筋を使うことが肝心です。エクササイズ中ずっと腹筋を使い、下部体幹のポジションが代償することなくスライドできるところまで脚を動かします。コア筋で動きをコントロールできなくなる地点に達すると、背中がアーチを描きはじめるのがわかります。ちょうどその手前で動きをやめましょう。

　このエクササイズにはレベルが2つあります。レベル1は脚のみ、レベル2は脚と腕を使います。必ずレベル1を習得してから、腕の動きを入れてください。腕はおまけのようなもので、さらに協調させる必要があるからです。ウィンドミルと同じく、この腕の動きにより肩が動きやすくなりますが、胸骨周辺がやわらかくなっていること、肩が持ち上がっていないことをチェックしてください。

　肩周辺に痛みや不快感があったら、すぐにやめてください。自分の能力の範囲内でワークしましょう。呼吸と運動の協調を学ぶことが大切なのです。手足をセンターから離すときは息を吐き、センターに戻すときは息を吸うことを忘れないでください。あるいは、筋を少し違う方法で動かすために呼吸を逆にし、呼吸のコントロール力を向上してもかまいません。

レベル1

1. 半仰向けのポジションで横になり、頭の下に小さなブロックを入れます。息を吸います。

2. 息を吐きながら、骨盤を固定し、腹筋を使い、それから足を屈曲したまま片脚を遠くにスライドさせます。息を吸って脚をもとの位置に戻します。脚を交互に換えながら、10回繰り返します。

レベル2

1. レベル1のステップ1と同じ最初のポジションになり、右腕を天井に向けて上げます。

2. レベル1のステップ2と同じように右脚を遠くにスライドしながら、同時に右腕を後ろに伸ばし、床のほうに下ろします。上背部のポジションを変えないで、伸ばせるところまで手を伸ばします。腕を下ろしながら息を吸います。各側で5回ずつ繰り返します。

3. 逆の手と脚の組み合わせで、このエクササイズをやってみましょう。右脚をスライドするときに左腕を上げ、左脚のときに右腕を上げるのです。左右それぞれ5回ずつ繰り返します。

ターゲットにする筋

- 股関節の屈曲筋:腸腰筋、大腿直筋、縫工筋、恥骨筋、大腿筋膜張筋、薄筋
- 股関節の伸筋:大殿筋、ハムストリングス(半腱様筋、半膜様筋、大腿二頭筋)
- 脊柱前面の固定筋:腹直筋、内腹斜筋、外腹斜筋、腹横筋

ブリッジ　The Bridge

このエクササイズにはレベルが3つあり、腰椎と骨盤を支える筋を強化する程度が強まっていきます。ペルビック・ティルトに似ているようですが、ここでは尾骨をカールしません。

　始める前に、半仰向けのポジションの基礎をおさらいし、体重を両足に均等にのせ、足と膝と股関節を一直線に並べ、骨盤を水平にします。レベル1では太腿の間に巻いたタオルを入れて、股関節のアライメントを維持してかまいません。両腕は脇に置き、肩をゆるめて床につけます。

　レベル1で股関節を持ち上げるとき、膝が前に出て足のセンターに向かうと考えてください。ウェストを長く保ち、脊椎をカールさせないこと。両手を股関節にあてて、ウェストを足のほうにやさしく伸ばし、ウェストが長くなる感覚を保ちます。首と肩をやわらかくゆるめ、脚の間にタオルを入れているときはタオルを締めつけてはいけません。脚とコア筋を働かせるためです。股関節を下ろすときは、脊椎を長くすると考え、ハムストリングスが働いているのを感じます。

　基礎を習得したら、レベル2と3に進みます。脚を天井に向けて上げるときは、足を床に押しつけます。支えているほうの脚をコントロールして、骨盤を水平に保ちます。ワークする脚の重みで腰椎がアーチを描かないようにします。レベル3で脚を上げ下げするときは、骨盤の高さを維持します。

レベル1

1. 半仰向けのポジションで横になり、両手を股関節にあて、息を吸って動く準備に入ります。

2. 息を吐きながら、腹筋を使って腰椎を1つのユニットとして床から持ち上げ、膝、股関節、肩を一直線にします。持ち上げながら、両手でウェストをストレッチします。息を吸ってこのポジションを数秒間ホールドし、息を吐いて床に下ろします。10回繰り返します。

レベル2

1. 上記のステップ1を繰り返しますが、腕を体の脇に置き、手のひらを床につけます。

2. 手のひらを下にして両腕を体の脇に置いたまま、ステップ2を繰り返します。

バリエーション

ステップ1と2のあとに、右脚を上げ、膝を直角に曲げて足をポイントにしてから、足を床に下ろします。左右の脚で10回繰り返します。

3. 息を吸い、片足をポイントにして脚を天井に向けて上げます。体を固定するために、支えているほうの足を床に押しつけます。

4. 息を吐き、足を上げたまま、脊椎を床に下ろします。次に足を床に下ろします。反対側の脚もやります。ステップ2-4を10回繰り返します。

レベル3

1. 脚を外旋して、足をポイントにします。

2. 息を吐いて、腰椎を床から上げたまま、上げた脚をできるだけ遠くに下ろします。このとき腰椎と骨盤のポジションは変えません。

3. 息を吸い、もう一度脚を天井に向けて上げ、ブリッジのポジションを維持します。ステップ2-3を3回繰り返します。床に脚を下ろし、もう一方の脚でステップ1-3を繰り返します。

ターゲットにする筋

- 脊柱の屈曲筋：腹直筋、内腹斜筋、外腹斜筋
- 脊柱前面の固定筋：腹横筋
- 骨盤底筋：尾骨筋、肛門挙筋
- 股関節の伸筋：大殿筋、ハムストリングス（半腱様筋、半膜様筋、大腿二頭筋）

うつぶせのエクササイズ
Prone exercises

うつぶせのポジションとは、顔を下にして横になり、脚を伸ばした姿勢です。正しい脊椎のアライメントを保つために、ほとんどの人はクッションやブロックで体を支える必要があります（鼻をぶつけないようにするためにも！）。

　うつぶせのポジションは、ハムストリングス、殿筋、背筋を働かせるエクササイズに使います。体重を支えずにすみ、自由に動けるからです。この項では、背部体幹の主な筋をアイソレートし、動かす方法を学び、それらの筋を強化します。言うまでもありませんが、脊椎をけがから守り、日常的によい姿勢を保つためには、背部の筋力が欠かせないからです。

うつぶせのポジション
The Prone Position

プレピラーティス・エクササイズのなかには、うつぶせで顔を下に向けて横になるものもあります。しかし、どのポジションでも同じですが、筋を効率よく動かすためには正しいアライメントが欠かせません。

クライアントを指導するにあたり、うつぶせは体の対称性をチェックするいい機会です。片側のほうが筋が発達していないか、ハムストリングスと殿筋は両側で同じ形か、腰骨は水平か、などをチェックしましょう。非対称な部位があるとき、私は対称のポジションまでその部位を引っ張り、クライアントにあるべき位置を感じてもらいます。クライアントは偏った姿勢に慣れているので、最初は水平でないように感じるかもしれません。しかし何度もセッションを繰り返すなかで修正すると、やがて自分で正しい位置に修正できるようになります。

うつぶせのポジションがクライアントにとってむずかしい、あるいは不快な場合、ハムストリングス、殿筋、広背筋を働かせる別の方法を提案しなければなりません。私は、うつぶせのエクササイズをするたびに代案を出します。妊婦や下背部に問題があるクライアントには配慮しましょう。

顔を下にして横になり、脚を平行にして、足と膝を腰幅に開きます。肘を曲げ、手を重ね、額を上側の手にのせます。両肩を離し、肩甲骨を骨盤のほうにやさしく引き下げます。鎖骨を開き、両肩が内側に落ちないようチェックします（ただし、修正版スイミング（p.73を参照）とアロー（p.76-77を参照）のように肩の下に小さな枕を入れているときは別です）。

バリエーション

たいていの人は、うつぶせ時に脊椎の自然なカーブを維持するためには意図的に支えを入れる必要があります。私が勧めるのは、下腹部と骨盤の下に枕を入れて腰椎を支え、脇の下に1つずつ枕を入れて肩と上部体幹をゆるめる方法です。肘を曲げて手の甲に額をのせてもいいし、額の下に固めのクッションを入れて両腕を脇に置いてもかまいません。このようにして支えると、首の後ろ側を頭頂部まで長くしやすくなり、体と首を一直線に保ちやすくなります。

グルテアル・スクイーズ
Gluteal Squeezes

殿筋をアイソレートして強化する方法を学ぶことは、よい姿勢に欠かせません。これらの筋は、歩くとき、座位から立ち上がるとき、階段を上るときのほか、毎日のあらゆる運動で使うからです。

殿筋が弱いと、歩くときに足を地面から持ち上げにくくなり、足を引きずって歩くことになります。殿筋が強いと下背部、股関節、骨盤をニュートラルに保てるうえに、お尻の形がよくなります。ピラーティスを熱心に続けるとお尻のかっこうがよくなると言われますが、これはまさにそのための第一歩なのです。

初めてのときに殿筋をアイソレートして使うのがむずかしい人は、より簡単な方法として、立位で殿筋を引き締めてみましょう。ドアを持つか壁に手をついて体を支え、両脚を外旋し、足で小さなV字を作ります。それから脚や骨盤を動かさずに、内太腿とお尻の筋を引き締めるのです。うつぶせでも同じことができるようになるまで練習します。

グルテアル・スクイーズをするときは内転筋が動きますが、殿筋とハムストリングスの上部でこの動きを実現します。大腿四頭筋を緊張させないことが重要なのです。

脚を平行にしてグルテアル・スクイーズをするのがむずかしいときは、脚を開いて外旋し、そのポジションでスクイーズをします。こうすると殿筋の別の部位が使われます。

1. うつぶせのポジションで横になり、下腹部と骨盤、そして左右の脇の下に枕を入れます。息を吸ってスクイーズの準備をします。

2. 息を吐き、骨盤を固定し、腹筋を使い、坐骨を引き締めるイメージをもちます。両脚を回旋させず、お尻をやさしく動かすことを考えます。スクイーズをやめてゆるめます。これを10回繰り返します。

ターゲットにする筋

- 殿筋：大殿筋、小殿筋、中殿筋
- 骨盤底筋

修正版スイミング
Modified swimming

これはジョゼフ・ピラーティスの「34」のシーケンスに含まれるスイミング（p.182-183を参照）の準備にあたります。この動きは歩くのに似ていて、上下背部の強化に役立ちます。

名前に惑わされて、このエクササイズの動きを水泳のクロールのようなものだとは考えないでください。まったく違います。とくに、このエクササイズは腕を伸ばすというよりは、持ち上げるからです。腕と脚を持ち上げるときは、床から15cm以内で同じ高さに持ち上げます。

腹筋を胸郭のほうに引き上げ、広背筋を使って肩を固定し、脊椎を長くします。体のポジションを一定にし、エクササイズ中はずっと腹筋と広背筋を使います。使ってはゆるめるのではなく、使いつづけるのです。腕と脚を持ち上げるときに息を吸い、下ろすときに息を吐きます。

腰椎や肩に問題がある人がこのエクササイズをするときは、慎重に行います。うつぶせ時に枕で体を支えていた人は、このエクササイズでは枕をはずすのが理想的です。しかし必要であれば下腹部に枕を入れ、額を手の甲にのせてもかまいません。うつぶせになれないときは、代わりに座位の上部体幹のエクササイズ（p.120-129を参照）をやりましょう。

1. うつぶせになり、下腹部と骨盤の下に枕を入れます。頭の横で両腕を伸ばして床につけ、肩幅に開き、手のひらを下に向けます。ハムストリングスと殿筋を使います。すると腰椎が長くなり、腹筋を胸郭に引き上げている感覚ができます。息を吸います。

2. 息を吐きながら、肩甲骨をやさしく引き下げてから、左脚と右腕を同じ高さに（床から離れるくらい）持ち上げます。息を吸いながら、手足を下ろします。左右の腕と脚を換えて、10回繰り返します。

3. 息を吐きながら、両腕と両脚を指3本分床から持ち上げます。その状態をホールドしてから下ろし、5回繰り返します。

ターゲットにする筋
- 脊柱の伸筋と回旋筋：脊柱起立筋（棘筋、最長筋、腸肋筋）、半棘筋、脊柱背面の深層筋群
- 股関節の伸筋：大殿筋、ハムストリングス（半腱様筋、半膜様筋、大腿二頭筋）

ハムストリング・カール
Hamstring curls

脚の前後の筋群のバランスを保つため、脚のエクササイズを含むプログラムをするときは、いつもハムストリングスのエクササイズとストレッチを組み入れます。

大腿四頭筋が発達しすぎると、ハムストリングスのけがが増えます。ハムストリングスは硬くなるものの必ずしも強くはならず、緊張しやすくなるからです。姿勢が悪い人もハムストリングスが硬くなります。また、ハイヒールを履く時間が長いと、体が前につんのめります。そのため正しいポジションに戻そうとして、骨盤が傾いてハムストリングスが緊張します。

このハムストリングス用マットワーク・エクササイズは簡単そうに見えますが、最大の効果を得るためには正しいアライメントにすることが重要です。効果を高めるために、アンクルウェイト（重さ各2kg以下）をつけてもかまいません。膝に問題があるときは、小さく巻いたタオルを太腿の、膝のすぐ上に入れ、膝蓋骨が床に押しつけられないようにします。

太腿を平行にし、足と膝を一直線にして、なめらかに流れるようにカールの動きをします。股関節と太腿の前面を長くし、お尻は動かしません。

レベル1を習得したら、レベル2に進みます。エクササイズ中、膝を持ち上げるときは尾骨を長くするよう考え、腹筋を使って骨盤を固定します。このシリーズをするときに骨盤が床から持ち上がる場合は、股関節の屈曲筋と大腿四頭筋が硬くなりすぎているので、エクササイズを続ける前にストレッチします。p.147の腰筋のストレッチとp.148の片側の大腿四頭筋のストレッチを使いましょう。

うつぶせでワークできない人は、立位でドアか壁に手をついて、体を支えながらハムストリング・カールをしましょう。

ターゲットにする筋

- 脚の屈曲筋：ハムストリングス
- 骨盤の固定筋：大殿筋、ヒラメ筋、腓腹筋

レベル1

1. うつぶせのポジションで腹ばいになり、下腹部と骨盤に1つ、そして左右の脇の下に1つずつ枕を入れます。効果を高めるためにアンクルウェイト（2kg以下）をつけてもかまいません。脚を平行にし、腰幅に開きます。50％の筋力で殿筋を引き締めます。息を吸って、準備をします。

ハムストリング・カール 75

2. 息を吐きながら、足を屈曲し、膝が股関節と一直線のまま直角になるまで、ゆっくり片脚を上げます。

3. 息を吸い、足をポイントにしてから脚を下ろし、床に戻します。各脚で10回ずつ繰り返します。

レベル2

レベル1のステップ1-2をし、膝が直角になったら、膝と足を股関節と一直線にしたまま、膝を床から少し持ち上げます。　ゆっくり脚を伸ばし、床に戻します。10回繰り返します。

アロー
The arrow

広背筋は上部体幹と背部の固定に重要であり、肩甲骨を下に滑らせると広背筋が動きやすくなります。しかし、肩が硬いと広背筋が弱いことがよくあります。そのためプレピラーティス・エクササイズには、アローなど広背筋の強化を目的としたエクササイズがいくつかあります。

アローで最も多い間違いは、頭で動きを導き、胸骨を高く上げようとしすぎて、上背部がアーチを描いてしまうことです。頭頂部から長くし、胸椎と頚椎を一直線に保ち、頭をヘッドレストから指3本分持ち上げると考えてください。首をまったく曲げずに、胸骨から持ち上げるのです。

肩甲骨を引き下げて、広背筋を使い、その感覚を実感します。エクササイズ中は下半身を固定し、尾骨を長くし、腹筋を使い、腰椎がアーチを描いたり短縮したりしないようにします。

背部に問題があるときは慎重にエクササイズし、鋭い痛みを感じたらすぐにやめます。痛みを無視してはいけません。アローは、背部を強化するエクササイズとしては最良のものの1つです。胸椎の可動性を高め、肩甲骨の正しいポジションを維持し、上部僧帽筋と首の筋を働かせ、殿筋、腹筋、広背筋をすべて一緒に働かせるからです。しかし、うつぶせになれないときは、p.120-129の座位の上部体幹のエクササイズをしましょう。どれも広背筋のワークになります。

このエクササイズのレベル1を習得したら、好きであればレベル2に進みましょう。とはいえ、レベル1を好む人のほうが多いようです。

注：うつぶせ時に肩の下に小さな枕を入れていた人は、このエクササイズでは枕をはずします。下腹部の枕と額の下にあてるヘッドレストはそのまま使ってかまいません。

レベル1

1. うつぶせのポジションで腹ばいになり、額の下に小さなブロックを、下腹部と骨盤の下に枕を入れます。脚を少し外旋し、かかとを内旋させます。ハムストリングスと殿筋を使い、腰椎を長くして、腹筋を胸郭のほうに引き上げる感覚をつかみます。

2. 息を吐きながら、股関節とほぼ同じ高さになるまで手のひらを上のほうに「浮かせ」ます。それから肩甲骨を引き下げます。

ターゲットにする筋

- 肩甲骨の固定筋：広背筋、僧帽筋、三角筋、菱形筋
- 脊柱の伸筋：脊柱起立筋（棘筋、最長筋、腸肋筋）、半棘筋、脊柱背面の深層筋群

3. 胸骨を床から持ち上げ、脊椎を長くし、頭と首を胸椎と一直線にします。手のひらを外旋させながら数秒その状態を保ち、指先を足のほうに向けて伸ばします。息を吸い、上体を下ろして最初のポジションに戻ります。10回繰り返します。

レベル2

1. レベル1を繰り返してから、最後に最初のポジションに戻すのではなく、息を吸って手のひらを下に向け、両腕を股関節から肩のほうに動かし、体でT字を作ります。

2. 息を吐き、両腕を回旋して手のひらを内側に向け、肩甲骨のポジションを保ったまま、両腕を頭上にもっていきます。息を吸い、両腕をT字のポジションに戻し、腕を回旋して手のひらをもう一度下に向けます。腕を股関節の脇に戻してから下ろし、最初のポジションに戻ります。ステップ1-2を10回繰り返します。

コブラ
The cobra

腹筋を使ってたくさんワークしたあと、腹筋をストレッチするのに適したエクササイズです。胸椎の可動性の向上にも役立ちます。

コブラは、両腕で体を押し上げているように見えますが、そうではありません。広背筋を意識して使い、上体をマットから引き上げる一方、頭、首、上部体幹を一直線に保たなければなりません。股関節を床に固定し、下背部に押し下げるのではなく腰椎から長くすることを考えます。

うつぶせのポジションで枕を使っていた人は、エクササイズを始める前にすべてはずします。しかし、額を支える小さい枕は使ってもかまいません。

レベル1を習得したら、レベル2に進みます。

注： 椎間板に問題がある人は、椎間板の痛みがなくなるまでこのエクササイズは控えます。p.147の背筋と腹筋のストレッチを参照してください。

ターゲットにする筋

- 脊柱の伸筋：脊柱起立筋（棘筋、最長筋、腸肋筋）、半棘筋、脊柱背面の深層筋群

レベル1

1. うつぶせのポジションになり、手のひらを下に向けて、両腕を伸ばして頭の横に置きます。息を吸って準備します。

2. 息を吐きながら、腹筋と殿筋を自然に使い、肩甲骨を引き下げ、肘を曲げて両腕を自分のほうに引き寄せ、胸骨を床から持ち上げます。

コブラ 79

3. できるだけ体を起こしてから、息を吸って両腕を前に滑らせ、背中を下ろして最初のポジションに戻ります。ステップ2-3を10回繰り返します。

レベル2

1. レベル1のステップ1のように横になりますが、鼻を床のすぐ上で浮かせます。肘を曲げて手のひらを下に向け、手を頭の横の床に置きます。息を吸います。

2. 息を吐きながら、肩甲骨を引き下げて、背筋を使って上体を床から持ち上げます。腕をまっすぐに伸ばし、体の前面を恥骨から胸骨までストレッチしながら、上体をさらに起こします。息を吸い、10秒間ホールドしてから、体を床に下ろします。5回繰り返します。

半仰向けの腹筋のエクササイズ
Semi-supine abdominal exercises

この項では、腹筋をさらに強化して、さまざまな運動をするときに腰椎を支えられるようにします。これらのエクササイズには腹部を平らにする効果もあります。ピラーティスを始めたばかりの人は、2-3週間やっただけで違いが目に見えると言います。

　まず覚えておいてほしいのは、スタティック・アブ（p.58を参照）で腹筋を使ったときの方法です。口から息を吐くとき、大きな手でウェストラインを包まれたように、坐骨、腰骨、肋骨下部（浮肋骨）がセンターラインに引き寄せられると想像してください。へそをやさしく引き下げ、骨盤をニュートラルに保ち、腰椎を動かさないようにすれば、準備完了です。最初は、とくに呼吸と運動を協調しなければならないとなると、やることが多すぎると思うでしょう。しかしやがて自然にできるようになります。
　この項のエクササイズの一部は初心者向けですが、上級者向けのものもあります。初心者向けのエクササイズを完成させてから、腹筋と骨盤のコントロールがさらに必要となる上級に進みましょう。

チェスト・リフト　Chest lifts

チェスト・リフトを完成させるのは思ったより大変ですが、これはプレピラーティスのトレーニングには欠かせない部分です。腹筋の強化を助け、もっと上級のエクササイズをするときに必要なコントロール力が身につきます。

腹筋をアイソレートするためには、膝を直角に曲げて腰幅に開いた半仰向けのポジションで、正しいアライメントができなければなりません。枕か巻いたタオルを膝と太腿の間に入れてもかまいません。頭蓋底で手を組みます。肘を持ち上げて、視界の片隅で肘が見えるようにし、両手で頭を引っ張るのではなく軽く支えると考えます。

胸を起こす前に、腹筋を使います。坐骨と腰骨と浮肋骨を互いに引き寄せ、肩甲骨をやさしく引き下げてから、胸骨で導きながら上体を起こします。つねに上部脊椎をまっすぐに保ち、頭で導かないようにします。腹筋をしっかり使い、坐骨、腰骨、浮肋骨をセンターに引き寄せます。

骨盤はつねにニュートラルにします。脚のアライメントを保てるよう、脚の間に入れたタオルや枕をやさしく押しつけ、内転筋を使います。

チェスト・リフトがむずかしくてできない人のために、修正版もあります。脊柱前湾の人は、以下のバリエーションのように足を椅子かボックスの上にのせると、下背部を支えられます。股関節と膝を直角に曲げて、チェスト・リフトをするのです。首に問題のある人は、頭蓋底にあてた両手で頭と首を支えながらも、胸骨で動きを主導するよう気をつけます。腹筋が弱くてチェスト・リフトがむずかしい人は、腹筋が強化されるまではp.83のリバース・カールで練習しましょう。

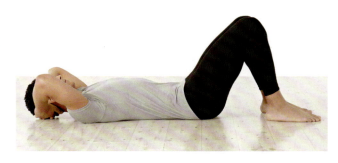

1. 半仰向けのポジションで横になり、両手を頭の後ろにあてます。息を吸います。

2. 息を吐きながら、腹筋を使って胸骨から前にカールします。頭と首の重みを両手にのせます。膝の間から前を見て、肋骨を股関節のほうに滑り下ろします。骨盤の安定性を損ねずに、できるところまで体を起こし、何秒かホールドします。息を吸いながら、最初のポジションにゆっくり戻ります。10回繰り返します。

ターゲットにする筋

- 脊柱の屈曲筋：腹直筋、内腹斜筋、外腹斜筋

バリエーション

下背部に問題があり、基礎的なチェスト・リフトがむずかしい人は、膝の間にタオルを入れ、足をボックスの上に置いてやってみましょう。

オブリーク・チェスト・リフト
Oblique chest lifts

オブリーク・エクササイズは体を回旋し、体側に曲げます。このエクササイズをするとウェストラインがくびれるので、ウェストを細くしたい人はたくさんやりましょう。

このエクササイズでは運動を始める前に腹筋を使い、上体を床から離したらすぐに胸郭の最下部から上体を回旋します。「起こしてからひねる」のではなく、「ひねってから起こす」のです。体の前を横切る腕は、体を引っ張りません。手で軽くこぶしを握り、手が上体の一部として動くと考え、先に行かせません。繰り返しますが、胸骨から運動を導き、頭と首を胸椎と一直線に保ちます。

腹筋を強く使い、前に飛び出さないようにします。腹筋が前に出ていたら目で見てわかります。必要であれば、動きを止めて最初からやり直します。

右にカールするときは、胸郭の左側をセンターに、センターを右腰骨にもっていくと考えます。上部体幹が回旋するときは、両側の腹斜筋が使われているのを感じます。

リズミカルに動きましょう。腹筋をゆっくり床に沈め、急いで胸骨を引き上げ、それからゆっくり回旋して前に起きます。

1. 半仰向けのポジションで横になります。右手を頭の後ろに置き、左手で軽くこぶしを握り、左肋骨の上でホールドします。息を吸います。右肘をやや前に保ち、視界の片隅に入るようにします。

2. 息を吐きながら、腹筋を使い、胸骨を持ち上げて左肩を右股関節に向けてカールします。右膝の向こうを見ます。何秒かホールドし、筋が働くのを感じましょう。息を吸いながらカールダウンして、最初のポジションに戻ります。各側で10回ずつ繰り返します。

ターゲットにする筋

- 脊柱の屈曲筋：腹直筋、内腹斜筋、外腹斜筋、腹横筋

リバース・カール
Reverse curl

このエクササイズはほぼだれにでもできるので、腹筋が弱く、脊柱が硬い人に向いています。リバース・カールは、脊柱の柔軟性を高めながら腹筋のコントロールを向上するのに役立ちます。

このエクササイズはとてもゆっくりと、しっかりコントロールして行い、最大限の効果を得ましょう。肩甲骨を引き下げ、ゆるめておくよう意識します。上体を倒しはじめるときは、骨盤を下にカールし、横から見たときにC字を描くようにします。腹筋を使ってカールをコントロールします。どれだけ腹筋が弱くても、できるはずです。快適に感じられなければ、体を床まで倒す必要はありません。実は床から45度のときに、筋は最も効率よく働くのです。とはいえ、床まで倒せるなら倒してください。

クライアントの脊柱の後湾がきついときは、腰椎を安全にアーティキュレーションできるよう両手で何かをつかませない限り、リバース・カールはさせません。適切な高さで固定したバーにつかまるのでも、パートナーの手をつかんで支えてもらうのでもかまいません。

1. 背筋を伸ばして座り、膝を曲げて足を床につけます。両腕をまっすぐ正面に、肩と同じ高さまで上げ、両手を向かい合わせにして、肩甲骨を下に滑らせます。息を吸います。

2. 息を吐きながら、腹筋を使って脊椎を床のほうに下ろします。骨盤を前に滑らせるイメージをもちます。

3. できるだけ、あるいは頭が床につくまでカールします。両腕で床を押して起き上がるか、体を横に転がしてから起き上がり、最初のポジションに戻るときに背中を保護します。

ターゲットにする筋

- 脊柱の屈曲筋：
  腹直筋、内腹斜筋、外腹斜筋
- 脊柱前面の固定筋：
  腹横筋、骨盤底筋

ストレート・リフト
Straight lifts

これは、脚が動いているときに腹筋を使って骨盤をニュートラルに保つ方法を学べる便利なエクササイズです。このスキルは、もっと上級のピラーティス・エクササイズで必要になります。

このリフトを行うときのコツは、骨盤を完全に静止させ、脚を上げるために股関節の屈曲筋を使うときに、体重を左右の骨盤に均等に分散させることです。反対側の股関節に体重を移して体を支えたくなりますが、下腹部の筋を使ってそれを防ぐ方法を学びましょう。同様に、脚を下ろすときは、骨盤が重力に引かれて後傾しないよう、腹筋を使わなければなりません。体幹はまったく動かない重い物で、脚は見えない人形使いが上から糸で操っているものと考えましょう。

これはレッグ・スライド（p.66-67を参照）の発展系で、このあとはデベロッペ（p.140-143を参照）などもっと複雑なシーケンスに続きます。

ターゲットにする筋

- 股関節の屈曲筋：腸腰筋、大腿直筋、縫工筋、恥骨筋、大腿筋膜張筋、薄筋
- 脊柱前面の固定筋：腹直筋、内腹斜筋、外腹斜筋、腹横筋

1. 半仰向けのポジションになり、両腕を脇に置きます。腹筋を使い、骨盤を固定します。

2. 息を吸い、右膝を右肩のほうに曲げてから、骨盤を持ち上げずにできるだけ高くその脚を上げます。足を天井に向けてポイントにします。

ストレート・リフト **85**

3. 息を吐いて、足を屈曲し、脚を外旋し、かかとから伸ばします。

4. かかとを伸ばしつづけながら、脚を床に下ろします。

5. 床につく前に、脚をポイントにします。

6. 息を吸い、膝を肩のほうまで曲げてから、脚を天井に向けてまっすぐ伸ばします。息を吐きながら足を曲げ、脚を回旋してもう一度下ろします。なめらかでよどみない動きで、各脚で5回ずつ繰り返します。

スモール・レッグ・サークル
Small leg circles

このエクササイズは、「34」のシーケンスのレッグ・サークル（p.170-171を参照）の前段階のバージョンです。
ここでは骨盤をニュートラルに保ちながら、股関節内で、大腿骨頭で小さな円を描きます。

ストレート・レッグ（p.84-85を参照）と同じように、腹筋を使って体幹を完全に静止したまま、脚を自由に動かします。動きをコントロールするときに、個々の股関節屈曲筋と伸筋が働いているのを感じてみましょう。このエクササイズはそれらの筋を強化するためにデザインされてはいませんが、股関節の硬さをゆるめ、ハムストリングスをストレッチするのに間違いなく役立ちます。円をなめらかに描くことに集中し、左右で同じ大きさの円を描くようにします。左右どちらかの円のほうが描きにくいでしょうが、そのときは筋力が弱い側でさらにエクササイズを繰り返します。動くほうの脚をまっすぐに保ち、足を軽くポイントにします。

肩甲骨を引き下げ、肩をゆるめて床に沈めるのを忘れないでください。首や上体が緊張してはいけません。

ターゲットにする筋

- 脊柱前面の固定筋：腹直筋、内腹斜筋、外腹斜筋、腹横筋
- 脊柱背面の固定筋：脊柱起立筋（腸肋筋、最長筋、棘筋）、半棘筋、脊柱背面の深層筋群

1. 半仰向けのポジションになり、両腕を脇に置きます。腹筋を使い、骨盤を固定します。息を吸い、片脚を天井に向けて上げます。

スモール・レッグ・サークル 87

2. 息を吐いて、上げた脚を外旋し、膝をやわらかくしてから、脚を股関節から時計回りに、体のセンターラインを越えるところまで回します。骨盤をニュートラルに保ち、繰り返し円を描きながら少しずつ直径を大きくし、骨盤の正しいポジションを失うことなく、できるだけ大きい円を描きます。5回繰り返します。

3. 脚を反時計回りに回します。5回繰り返します。息を吸いながら、脚を床に下ろします。もう一方の脚で、同じことを繰り返します。

バリエーション

仰向けのポジションでも、このエクササイズをやってみましょう。もう少しコントロールが必要になりますが、十分に筋力がつけば基礎バージョンとは別のものになります。

クリスクロス Crisscross

これは、ピラーティスの「34」のシーケンスに含まれるシングル・レッグ・ストレッチ（p.172-175を参照）のバリエーションです。
腹筋のエクササイズとしては上級なので、オブリーク・チェスト・リフト（p.82を参照）を正しくできる自信がついてから、挑戦しましょう。

エクササイズ中ずっと、腹筋を使いつづけます。リリースして、また使うのではありません。へそを脊椎のほうに引き入れ、仙骨を床にしっかりつけておきます。回旋しながら、回旋する方向に骨盤が揺れないよう、筋を使って骨盤をニュートラルに保ちます。エクササイズ中はずっと骨盤を水平に保ちます。

肩だけでなく、必ず上部体幹全体をひねります。上部体幹は膝のほうにもっていきますが、膝を胸のほうに持ち上げてはいけません。胸郭最下部より胸に近づけてはいけないのです。上部体幹を持ち上げたポジションを維持します。

脚が下に落ちてはいけません。腹筋を使って、脚を視線と同じ高さに保ちます。曲げた脚のすねを、床と平行にします。そして肩は、耳のほうにすくめるのではなく、引き下ろしてゆるめておきます。

ターゲットにする筋

- 脊柱の屈曲筋と回旋筋：腹直筋、内腹斜筋、外腹斜筋、腹横筋

1. 仰向けになり、膝を持ち上げて、股関節の上で直角に曲げます。両手を頭の後ろにあて、指を組みます。息を吐いて、腹筋を使い、上体を床から持ち上げます。

2. 息を吸ってから、息を吐くときに左脚を目の高さでまっすぐ伸ばします。同時に、左肘を持ち上げて、右膝のほうに斜めにもっていきます。ストレッチした状態をホールドします。息を吸いながらセンターに戻り、反対側も繰り返します。左右それぞれ10回繰り返します。

バック・ストレッチ
Back stretch

腹筋をワークしたあとは、下背部をストレッチするとよいでしょう。このエクササイズはとくに、おだやかながら効果があります。

このストレッチの最初のポジションに入るときは膝を片方ずつ持ち上げ、エクササイズを終えるときも片方ずつ下ろします。両膝を同時に持ち上げると、下背部を緊張させることになります。

この動きをするときは、両肩をゆるめて床に沈め、肘を開きます。首や肩を緊張させずに、両膝をできるだけ引き寄せます。このストレッチはだれにでもできますが、膝や股関節が緊張するほど強く引っ張らないようにします。

1. 仰向けで横になり、頭の下に小さなブロックを入れます。一方の膝を胸のほうに持ち上げてから、もう一方を持ち上げ、両手で膝を持ちます。肘を開き、肩をゆるめて床に沈めます。

2. 息を吐きながら、腹筋を使い、左膝をさらに自分のほうに引き寄せます。何秒かホールドしてから、リリースします。

3. 右膝を自分のほうに引き寄せ、ホールドしてからリリースします。

4. 両膝を自分のほうに引き寄せ、ホールドしてからリリースします。両手はつねに膝の上に置きます。

5. 骨盤と下腹部の真上と真下に時計の文字盤があると想像します。時計の文字盤を回るように、両膝をゆっくり回します。文字盤の数字を1つずつ思い描きながら、時計回りと反時計回りに1回ずつ回します。このエクササイズを5回繰り返します。最後は、片足を床につけてから、もう一方を床につけます。

バランスボールを使った
エクササイズ
Physio ball exercises

バランスボールは、体を支えながら、同時に自由に動ける多機能の道具なので、自宅でもピラーティス・スタジオでも使えます。

　ピラーティスではさまざまな方法でバランスボールを使います。たとえばp.147の下背部のストレッチのように上に座る、修正版ドッグ（p.118-119を参照）のように上で横になる、胸椎を回旋するときに上部体幹の正しい姿勢を保つために体の正面で抱える、仰向けに横になって脚下部をボールにのせ、上体の重みをかけずに股関節を動かす（この項のヒップ・ロールはすべてこうしています）、などがあります。

　バランスボールを選ぶときは、自分の体にあったサイズを選ぶことが大切です。仰向けになって脚下部をボールにのせたとき、股関節と膝が直角に曲がり、脚下部が床と平行になるようにします。そのためには、自分の膝から腰骨までの距離と同じ直径のボールを見つけましょう。

腹筋を使ってボールを転がす
Rolling the ball using abdominals

このエクササイズの動きは小さいけれど、とても正確です。これらを習得すれば、主なコア筋すべてをアイソレートし、動かせるようになり、これらの筋を使うための筋記憶を形成できます。

　このエクササイズを正確に行うと、脚の筋ではなく、下腹部の筋が働いているのが感じられます。この動きは下部腹筋で主導し、下部腹筋が胸郭の下で滑り上がるところを想像します。お腹を使ってボールを引き寄せるとき、脚は動かないものと考え、ボールを固定するためにかかとをボールに押し込みたい誘惑に負けないでください。

　ボールをそれほど近くに寄せる必要はありません。股関節と膝が直角に曲がり、骨盤が少し持ち上がるところで止めます。この動きは、股関節を直角に保ったまま、下部腹筋を引き下げ、大腿を上に滑らせる動きで主導します。骨盤を大きく傾斜させてはいけません。これは小さな動きなのです。腰椎はずっとやわらかくしておきます。

1. 仰向けに横になり、頭の下に小さなブロックを入れ、脚をまっすぐに伸ばし、ふくらはぎ下部をバランスボールにのせます。肩と胸をゆるめ、床に沈めます。骨盤を固定し、腹筋を使い、息を吸って動く準備をします。

2. もう一度腹筋を使い、両腕を体の脇に置き、だれかにお尻の下に紙を敷いてもらうときのように、骨盤をわずかに持ち上げます。骨盤を下ろし、息を吸い、ボールを最初のポジションに戻します。10回繰り返します。

3. 息を吐き、腹筋を使って、膝と股関節が直角になるまで、ボールを自分のほうに引き寄せます。

ターゲットにする筋

- 腹筋：腹直筋、腹横筋、内腹斜筋、外腹斜筋、骨盤底筋

ストレート・レッグ・ヒップ・ロール
Straight-leg hip rolls

これは小さいけれど効果的な動きで、股関節の硬さをリリースするのに役立つストレッチ効果があります。このエクササイズでは、ボールが動く方向と反対側の下腹部が引っ張られる感じがします。

ほとんどの人は、左右で股関節の硬さが異なります。これはおそらく、机やテレビの前で座っているときに、一方に寄りかかっているからでしょう。脚を組んだりあぐらをかいたりするとき、たいていの人は左右交互にではなく、より心地よい、同じ側ばかりで組む傾向があるので、症状が悪化します。股関節の一方だけが硬いと、最終的には骨盤が引っ張られてアライメントからはずれ、一方の脚のほうが短くなることもあります。だから、骨盤をストレッチし、ゆるめることが大切なのです。ヒップ・ロールは、その最初の一歩です。

ヒップ・ロールでは、深層の腹筋も働かせるので、これらの筋を自分の意思で動かせるようになります。このエクササイズ中ずっと、骨盤をニュートラルに保ち、お尻を床にくっつけておきます。動きを大きくしてはいけません。ウェストを長く保ちます。腹斜筋を見つけて両手で触れ、脚のほうに押し下げてもかまいません。

p.108-113ではバランスボールを使わずにヒップ・ロールをする方法を説明しますが、初心者に教えるときはつねにボールを使い、要求している動きを理解してもらいやすくします。

ターゲットにする筋
- 骨盤の固定筋：腹横筋、内腹斜筋、外腹斜筋
- 背部の伸筋：広背筋、僧帽筋
- 脚の内転：内転筋群

1. 仰向けに横になり、頭の下に小さなブロックを入れ、脚をまっすぐに伸ばし、足首をバランスボールにのせます。上体をゆるめて床に沈め、両手をウェストに置きます。このとき小指が腰骨のすぐ上にくるようにします。腹筋を使い、息を吸います。

2. 左膝を曲げて、骨盤を固定します。息を吐きながら、右脚をかかとのほうにストレッチして下ろし、左手でウェストに触れておきます。ボールは少し左に動きます。息を吸い、腹筋を使ってボールをセンターに戻し、両脚を伸ばします。息を吐いて、反対側でも同じことをします。センターに戻り、各側で5回ずつ繰り返します。

ベント・レッグ・ヒップ・ロール
Bent-leg hip rolls

ヒップ・ロールでは、重力ではなく腹筋で動きをコントロールし、腹斜筋を使って脚をセンターに戻します。
膀胱のすぐ上で腹筋が働くのを感じられるでしょう。

　エクササイズ中は肩甲骨を床に下ろし、上部体幹を固定します。肩を下ろすのがむずかしいときは、体が動かないよう重い家具の脚などをつかんでもかまいません。筋力がついたら、バランスボールを使わずに、腹筋だけで両脚を支えるエクササイズもあります（p.111を参照）。このときは股関節を直角にし、足を膝より少し低くし、股関節の屈曲筋をゆるめます。

　ウェストを長く保ち、腰椎をやわらかくしておきます。脚が離れると背中がねじれるため、両脚をそろえます。太腿の間にたたんだタオルを入れて、支えにしてもよいでしょう。

　腰椎に問題がある人は、このエクササイズを慎重に行い、動きの幅を小さくします。

1. 仰向けに横になり、頭の下に小さなブロックを入れ、膝の間にたたんだタオルを入れます。脚下部をバランスボールにのせ、股関節と膝を直角に曲げます。太腿と膝をそろえます。肩をゆるめて床に沈め、両腕を体の脇にたらします。腹筋を使います。息を吸います。

2. 息を吐きながら、膝の位置を保ったまま、ボールを左に転がします。右股関節は床から持ち上がりますが、右肩はしっかり床につけ、斜めのストレッチを感じます。頭は右に向けます。そのまま止まり、息を吸います。息を吐いて、腹筋を使ってセンターに戻り、反対側までロールします。各方向に5回繰り返します。

ターゲットにする筋

- 脊柱の屈曲筋と回旋筋：腹直筋、内腹斜筋、外腹斜筋、腹横筋

ブリッジ・オン・ア・ボール
Bridge on a ball

これは、ローリング・ライク・ア・ボール（p.164-165を参照）のバリエーションですが、このエクササイズをブリッジのポジションで行うことで、ハムストリングスと太腿の筋をより強く働かせることができます。

このエクササイズは、この項のバランスボールを使ったエクササイズのなかで最も大変です。体重を上部体幹とかかとにのせているときに、バランスをとらなければならないからです。内太腿とハムストリングスを強く働かせ、コアの腹筋を使います。ボールを自分のほうに引き寄せるとき、骨盤の傾斜を同じ角度に保つと考えます。

膝を曲げ、脚下部をバランスボールにのせた状態から始め、逆の動きをしてもかまいません。息を吐きながら骨盤の傾斜が中程度になるまでカールアップし、息を吸いながら脚をまっすぐに伸ばし、息を吐きながら背中を曲げて床に下ろすのです。ボールを自分のほうに引き寄せるときはつねに息を吐き、脚を伸ばしてボールを遠くに転がすときは息を吸います。

ターゲットにする筋

- 脊柱の屈曲筋と回旋筋：腹直筋、内腹斜筋、外腹斜筋、腹横筋、ハムストリングス

1. 仰向けに横になり、脚を伸ばして、かかとをバランスボールのてっぺんにのせ、手のひらを下に向けて両腕を体の脇に置きます。

ブリッジ・オン・ア・ボール 95

2. 腹筋を使い、息を吸い、腰椎を1つのユニットとして床から持ち上げて、かかとと骨盤と肩を一直線にします。

3. 息を吐いて、骨盤と背中のポジションを変えずに、ボールをできるだけ自分のほうに引き寄せます。息を吸いながら、両脚を伸ばします。息を吐きながら、背中を床に下ろします。10回繰り返します。

側臥位のエクササイズ
Side-lying exercises

　側臥位のエクササイズは、ポジションを保つために腹筋と殿筋を使うので、コアの強化に役立ちます。しかし、左右両側で繰り返すので、半仰向けやうつぶせのエクササイズの2倍の時間がかかります。

　側臥位で脚を伸ばしているとき、人体は自然にバランスをとることができません。けれども膝を曲げたり、体の前で床に指をついたりすると、少し支えになります。側臥位のエクササイズでは、体が前後にロールすると正しい筋を使えないので、そうならないようにすることが重要です。いいポジションを保つと、指を持ち上げる前でも、腹横筋や殿筋、腹斜筋などの姿勢筋の強化に役立ちます。側臥位では体幹の重みが支えられるので、腕や脚の外転筋や内転筋を自由に働かせることができます。

側臥位のポジション
Side-lying Position

側臥位のエクササイズのほとんどは、両膝を曲げてかかとと尾骨をほぼ一直線にした、胎児のようなポジションで行います。下側の腕は、伸ばして頭の下に入れます。

基本的な側臥位のポジションでは、立位と同じように脊椎の自然なカーブを維持します。ウェスト部分が沈んでいたら、脊椎のアライメントを維持しやすいよう、ウェストの下に小さなクッションか巻いたタオルを入れます。

このポジションで体が前後にロールしやすい人は、背中を壁につけてみてください。あるいは、背中が壁につき、股関節と肩がそれぞれ積み重なっていると想像します。上側の肩が下側の肩の真上にきているか、上側の腰骨が下側の腰骨の真上にきているか、膝と脚もそれぞれ真上にきているかをチェックします。上側の腕を体幹の上側に沿わせるか、体を少し支えるために胸骨の前でマットに手をついてもかまいません（ただし、手にもたれてはいけません）。初心者にはいつも、頭の下で下側の腕を伸ばし、頭と腕の間に枕を入れ、首の筋をゆるめるよう勧めます。脚の正しいアライメントを保つために、太腿の間にクッションを入れてもかまいません。

右側を下にして横になり、右腕を伸ばして頭の下に入れます。たたんだタオルか小さなクッションの上に頭をのせてもかまいません。両膝を曲げて、かかとと尾骨を一直線にします。脊椎のアライメントを保つために、ウェストにたたんだタオルか小さなクッションを入れるかどうかを判断します。骨盤のアライメントを保ち、膝と脚をそろえるために、太腿の間にもう1つクッションを入れます。肩、股関節、膝、足がそれぞれアライメントを保っているかをチェックし、快適に感じるまでポジションを調整します。

側臥位のアブ
Side-lying abs

側臥位のアブは腹斜筋を働かせるほか、脊椎の自然なカーブを保ったまま側臥位のポジションで腹筋を使う方法も学べます。

このエクササイズのステップ2で「L字型」を作る動きがむずかしいときは、手で筋を導き、内側に引っ張ります。そのうちに意味がわかるようになります。これは、ソファやベッドでくつろいでいるときにできるエクササイズの1つです。やればやるほど、コントロール力が高まります。

ターゲットにする筋

- 腹筋：腹横筋、腹直筋、内腹斜筋、外腹斜筋

1. 側臥位で右側を下にして横になります。頭の下に小さくたたんだタオルを、太腿の間に大きなクッションか枕を入れます。息を吸い、胃を拡張させてから、床のほうに落とします。背中がアーチを描かないようにします。

2. 息を吐きながら、L字を描くように、腹筋を使って胃を持ち上げて床から離し、脊椎のほうに内側に向けます。何秒かホールドし、各側で10回繰り返します。

シェル The shell

このエクササイズでむずかしいのは、脚を開くときに骨盤をニュートラルに保ち、腰椎を固定しておくことです。骨盤を下に折り込みたくなりますが、そうすると腰椎が平らになるので、避けましょう。

殿筋で主導しながら脚を開くときに、上側の大腿骨を股関節窩から外側に長くすると想像します。足をゆるめて、そろえます。胸骨の正面で指をついてもかまいません。つかないときは少し大変で、バランスを保つために体幹の筋を使うことになります。

小殿筋と中殿筋が、グルテアル・スクイーズ（p.72を参照）とは異なる方法で働くのを感じるでしょう。シェルでは、大殿筋を使って脚を外旋し、中殿筋と小殿筋を使って内旋します。殿筋のさまざまな部位が働くのを感じ、ハムストリングスと外転筋をアイソレートしてみましょう。エクササイズの強度を高めたいときは、足の間に枕を入れます。

1. 側臥位のポジションで、右側を下にして横になります。頭の下に小さくたたんだタオルを、ウエストの下にもう1枚タオルを入れます。両膝を曲げて、息を吸います。

2. 息を吐きながら、腹筋を使い、坐骨をやさしく引き締めます。この動きを使って左大腿の回旋を主導し、二枚貝のように脚を開きます。足と股関節を同じポジションに保ちます。

ターゲットにする筋

- 殿筋：大殿筋、中殿筋、小殿筋、骨盤底筋
- 股関節の回旋筋：大腿方形筋、ハムストリングス、内転筋群

3. 息を吸いながら、最初のポジションに戻ります。次に、膝をそろえたままで左足を持ち上げます。前にロールしない範囲でできるだけ足を持ち上げてから、下ろします。各側で5回ずつ繰り返します。

腕を回して胸を開く
Chest opening with arm circle

肩が凝っているとき（一日中パソコンを使ったあとなど）、このエクササイズをすると胸のストレッチになり、硬くなった肩甲骨をゆるめることができます。

このエクササイズをする間、下半身（股関節、膝、足）は動きません。腹筋を使って、上側の股関節が上部体幹の動きにつられるのを止め、腰骨を前に向けておきます。しかし、頭は上腕の動きにしたがい、上部体幹は後ろに曲がります。

自分はある程度体がやわらかいと思っている人も、初めてこのエクササイズをしたときに得るストレッチの感覚、とくにレベル2で腕を回すときの感覚に驚くでしょう。後ろの床まで手を下ろさなければならないと思う必要はありません。気持ちよいと感じる範囲で下ろせばいいのです。数週間もすれば、可動域が広がったと気づくでしょう。

胸を開く動きは、肩インピンジメント症候群の人や腰椎が弱い人には向きません。それ以外の人はぜひ試してください。

レベル1

1. 右側を下にして側臥位になり、小さくたたんだタオルを頭の下に、もう1枚をウェストの下に入れます。両膝を曲げて、手のひらを合わせ、肩の高さで腕を伸ばして前に出します。腹筋を使い、息を吸います。

2. 息を吐きながら、上側の腕をゆっくり天井に向けて持ち上げ、上部体幹を回旋し、腕を後ろの床のほうに下ろします。脊椎を長く保ち、股関節と膝を床の上で同じポジションに保ちます。息を吸い、ストレッチした状態をホールドします。

腕を回して胸を開く **101**

3. 息を吐きながら、頭と上部体幹と腕を最初のポジションに戻します。各側で5回ずつ繰り返します。

レベル2

1. レベル1のステップが終わったら、息を吐いて、腹筋を使い、上側の腕を前に伸ばしてから、円を描いて頭の上にもっていきます。床に描いてある円を頭上までなぞると考えて、上部体幹を回旋しながら腕を回して後ろの床にもっていきます。股関節は前に向けたままです。

2. 息を吸い、動きを止めてから、円を股関節までもっていき、ぐるりと回して最初のポジションに戻します。各側で5回ずつ繰り返します。

ターゲットにする筋

- 上部体幹の回旋：大胸筋、三角筋
- 肩甲骨の固定：前鋸筋、広背筋

アウター・サイ・リフト
Outer thigh lift

このエクササイズは、大腿外側の外転筋を働かせます。上側の手を大腿の外側に置き、これらの筋の働きを感じ、筋記憶の形成に役立てましょう。

このエクササイズでは、正しいアライメントが肝心です。そこで、エクササイズ前に全身のチェックリストを見直し、肩と股関節それぞれのアライメントが正しく、脊椎の自然なカーブが支えられていることを確認します。このエクササイズをするときに、背中を壁につけてもかまいませんが、前にロールしないこと。

上側の脚を持ち上げるというより、長くすると考えます。あまり高く持ち上げる必要はありません。股関節の高さまでにします。それ以上持ち上げると、ウェストが落ち、脊椎のアライメントを失うからです。脚を動かすときも、体幹はひもで吊されているかのように静止させます。

ターゲットにする筋
- 脊柱の側屈筋と固定筋：内腹斜筋、外腹斜筋、腰方形筋、脊柱起立筋（棘筋、最長筋、腸肋筋）、半棘筋、脊柱背面の深層筋群、腹直筋、腹横筋
- 股関節の内転筋：大腿四頭筋、中殿筋、薄筋、長内転筋

1. 側臥位で右側を下にして横になり、頭の下に小さくたたんだタオルを、ウェストの下にもう1枚を入れます。下側の脚を曲げて、股関節と膝を直角にします。前腕を伸ばして頭の下に入れ、上側の手の指を正面の床につきます。腹筋を使い、息を吸います。

2. 息を吐きながら、上側の脚のかかとまでストレッチし、ウェストが沈まず、脚が外旋しない範囲で、その脚をできるだけ持ち上げます。最初のポジションに戻ります。各側で5回ずつ繰り返します。

バリエーション

1. 上記のステップ1-2を終えたら、上げた脚を腰の高さまで上げ、息を吐きながら、体に対して直角になるようにその脚を前にもっていきます。

2. 骨盤を動かさないで、足をできるだけ高く持ち上げてから、息を吸いながらその足を体幹と同じ線上に戻し、もう一度下ろします。各側で10回ずつ繰り返します。

肘を曲げたサイド・リフト
Side lift on bent elbow

これは、ジョゼフ・ピラーティスの「34」シリーズのサイド・ベンド（p.208-209を参照）の前段階のエクササイズです。体幹の両側のコア筋を働かせます。

このエクササイズをするときは、2枚のガラス板で挟まれたように体が平らになったと考えます。最初はふらつくでしょうが、少し調整してバランスをとれば、コア筋を効率よく働かせることができます。なめらかでコントロールされた動きで体幹を上げ下げします。体を持ち上げる前に上側の足を下側の足の前に置くと、バランスをとるスペースが増えてやりやすくなります。

肩に沈み込むのではなく、肩から上に持ち上げてみましょう。このエクササイズは肩と肘で体重を支えるので、肩や肘に問題がある人には向きません。どこかに不快感があったときは、このエクササイズはやめましょう。

1. 右側を下にして側臥位になり、右肘を肩より少し前に出して、床につきます。股関節、膝、足を一直線にします。左手を左太腿に置きます。腹筋を使い、息を吸います。

2. 息を吐いて、足と右前腕を床に押しつけて、股関節を持ち上げて床から離します。脊椎とかかとは斜めになります。左の手のひらを前に向けて、左腕を天井に向けて持ち上げます。何秒かホールドします。

3. 息を吸い、左腕を頭の上にもっていき、頭を右に向けます。息を吐きながら、左腕を体の脇に戻します。息を吸って、ゆっくりと股関節を床に下ろしますが、動きに抵抗して筋のワークの強度を上げます。各側で5回ずつ繰り返します。

ターゲットにする筋

- 脊柱の側屈筋と固定筋：内腹斜筋、外腹斜筋、腰方形筋、脊柱起立筋（棘筋、最長筋、腸肋筋）、半棘筋、脊柱背面の深層筋群、腹直筋、腹横筋
- 肩の外転筋：中部三角筋、棘上筋、前部三角筋、大胸筋
- 肩甲骨の下制筋：下部僧帽筋、前鋸筋、小胸筋
- 肩甲骨の外転筋：前鋸筋、小胸筋

側臥位の
ストレート・レッグ・リフト
Side-lying straight leg lifts

このエクササイズは、通常の側臥位のポジションでは行いません。両脚をまっすぐ伸ばすため、このポジションを保ち、腰椎のアーチを防ぐためにはコアの筋を使わざるを得ないからです。

　足を尾骨の少し前に置いたり、体の正面で床に指をついたりするとバランスをとりやすくなりますが、姿勢筋（腹筋や広背筋）も働かせなければなりません。動きはじめる前に、広背筋を引き下げ、ウェストの両側で腹筋を使い、体幹の安定性を最大にするために殿筋も少し使います。動く間はこのつながりを維持し、体が前後にロールすることなく、脊椎の正しいポジションを保つようにします。

　脚を床からぐいと引き上げてはいけません。持ち上げる動作を主導するのは下側の脚で、上側の脚はそれについていくのです。また、ウェストを長くすると考えてください。脚を高く上げすぎると、ウェストが落ちるでしょう。足は尾骨と一直線にします。レベル2で上側の脚をさらに上げるときは、股関節が動いたり外旋したりしない範囲で、できるだけ高く上げます。

　脚を動かすときに、前後に揺れないようにします。左右の腰骨をしっかり積み重ねるのです。下背部のアーチには注意すること。アーチができたときは、足を少し前にもっていき、もう一度腹筋を使います。

> **ターゲットにする筋**
>
> ● 脊柱の側屈筋と固定筋：内腹斜筋、外腹斜筋、腰方形筋、脊柱起立筋（棘筋、最長筋、腸肋筋）、半棘筋、脊柱背面の深層筋群、腹直筋、腹横筋
>
> ● 股関節の外転筋：大腿四頭筋、中殿筋、薄筋、長内転筋

レベル1

1. 側臥位のポジションで右側を下にして横になり、頭の下に小さくたたんだタオルを、ウェストの下にもう1枚のタオルを、そして太腿の間に枕を入れます。足を軽くポイントにします。下側の腕を伸ばして頭の下に入れ、手のひらを下に向け、頭を腕の上にのせます。上側の腕の指先を胸骨の前の床につきます。腹筋を使い、殿筋と枕をやさしく引き締め、息を吸います。

側臥位のストレート・レッグ・リフト 105

2. 息を吐きながら、肩甲骨を引き下げ、全身をかかとまで長くしてから、下側の脚を持ち上げて床から離します。頭をタオルに押しつけないようにします。

3. 足を屈曲します。何秒かホールドしてから、息を吸いながら最初のポジションに戻ります。各側で5回ずつ繰り返します。

レベル2

レベル1のステップ1-2を終えたら、下側の脚を同じポジションに保ち、足を屈曲し、骨盤を固定したまま、上側の脚をできるだけ長くし、高く持ち上げます。何秒かホールドしてから、上側の脚を下ろし、最初のポジションに戻ります。各側で5回ずつ繰り返します。

プレピラーティス・エクササイズ：側臥位のエクササイズ

ツイスト The twist

これはむずかしいエクササイズです。
ジョゼフ・ピラーティスの「34」シリーズの1つ、
サイド・ベンド(p.208-209を参照)のバリエーションなのです。
骨盤を固定し、上体をツイストするときに、
回旋筋のコアの安定性を高めるために考案されました。

　これは上級向けのエクササイズで、肩インピンジメント症候群の人には向きません。さまざまなポジションをとるなかで、肩で何度も体重を支えなければならないからです。取り組める人にとっては肩の強化に役立ちますが、肩甲骨を下げて広げるときに背筋を使うことが肝心です。

　ステップ3では、針に糸を通すように、体と床で作る空間に手を通します。バランスを失わない程度に、できるだけ遠くまで手を伸ばしましょう。腕をもとに戻すときは、頭と上体を天井に向け、胸を開き、しっかりストレッチします。

　バランスをとるコア筋のほかに、脊柱の回旋筋もステップ3のツイストをコントロールします。脊柱起立筋と腹筋は、動きを戻すと同時に、下背部のアーチを防ぎます。ステップ4でマット上に戻るときは、床に落ちないよう、コントロールしながら下りましょう！

ターゲットにする筋

- 脊柱の側屈筋と固定筋：内腹斜筋、外腹斜筋、腰方形筋、脊柱起立筋（棘筋、最長筋、腸肋筋）、半棘筋、脊柱背面の深層筋群、腹直筋、腸腰筋
- 肩の外転筋：中部三角筋、棘上筋、前部三角筋、大胸筋
- 肩の水平外転筋：棘下筋、小円筋、後部三角筋、中部三角筋、大円筋、広背筋
- 肩甲骨の下制筋：下部僧帽筋、前鋸筋、小胸筋
- 肩甲骨の外転筋：前鋸筋、小胸筋

1. 両膝を曲げてそろえ、右股関節を下にして横になります。右手のひらを下に向けて、右腕を床につき、指先を前に向けます。左手を左太腿の上に置きます。右腕、骨盤の右側、右足で体重を支えます。

2. このポジションで息を吸い、右前腕で床を押し、体幹を持ち上げて一直線にします。左手は頭上にカーブさせて、弧を描きます。4秒間ホールドします。

3. 息を吐いて、左腕を下ろし、胸と床の間の空間に通します。頭と上体は左腕にしたがいますが、股関節は前を向けたままにします。

4. 息を吸いながら、左腕をもとに戻し、天井に向けて伸ばします。頭と上体も天井に向けます。息を吐き、ステップ2のように腕を頭上に戻し、徐々に体を下ろして床につけます。各側で5回繰り返します。

ヒップ・ロール・エクササイズ
Hip roll exercises

ヒップ・ロールは下背部の緊張をゆるめるのに役立ち、腹筋も働かせます。これらはプレピラーティス・エクササイズのなかでも重要な部分です。

　この項で解説するヒップ・ロールは、p.92-93のバランスボールを使ったヒップ・ロールの代わりです。ボールなしでやるほうがきついので、これらのエクササイズに進むのは、最初のシーケンスを習得してからにしてください。
　脊柱の前湾が顕著な人は、バランスボールを使ったヒップ・ロールのほうが適しています。下背部にけがをしている人は、この項のエクササイズは避けてください。

スモール・ヒップ・ロール
Small hip rolls

このエクササイズでは、動きを小さく保ち、下部腹筋で骨盤を安定させます。股関節を床から動かしてはいけませんが、膝が離れるほうの股関節側面にストレッチを感じます。

このエクササイズをするとき、クライアントはどうしても遠くまでロールしすぎるので、骨盤が持ち上がったり、片方の肩が床から離れはじめたりします。そのため、いくぶん修正する必要があるでしょう。脚を動かすと考えるより、ターゲットにしている腹部の深層筋を感じることに集中し、それらに動きをコントロールさせます。

ターゲットにする筋

- 骨盤の固定筋：腹横筋、内腹斜筋、外腹斜筋
- 背部の伸筋：広背筋、僧帽筋
- 脚の内転筋：内転筋群

1. 半仰向けで横になり、頭の下に小さなブロックを入れます。両膝を曲げて、足を床につけます。腕を肩の高さで脇に広げ、手のひらを下に向けます。腹筋を使い、骨盤を固定します。息を吸います。

2. 息を吐きながら、骨盤を床につけたまま、両膝を左に倒します。その姿勢で静止し、息を吸います。

3. 息を吐いて、腹筋を使って膝を右側にもっていきます。各側で10回繰り返します。

ラージ・ヒップ・ロール
Large hip rolls

このヒップ・ロールは、肋骨、股関節、大腿を斜めに強くストレッチします。たいていの人に向きますが、下背部に問題がある人はゆっくりと行い、刺すような痛みを感じたらやめます。

腹筋で膝の動きを主導し、脊柱を支えるようにしてください。ウェストをつねに長くし、胸と背中を開き、肩甲骨をしっかりと床につけます。柔軟性がある人は、左右どちらでも、反対側の肩が上がらずに、両膝を床につけられるでしょう。

ターゲットにする筋

- 骨盤の固定筋：腹横筋、内腹斜筋、外腹斜筋
- 背部の伸筋：広背筋、僧帽筋
- 脚の内転筋：内転筋群

1. 半仰向けのポジションで横になり、膝をほぼ肩幅に離します。両手を頭の後ろに置きます。腹筋を使い、骨盤を固定します。息を吸います。

2. 息を吐きながら、右膝を床のほうに下ろし、頭を左に向けます。左膝を右足に向けて斜めに伸ばします。左骨盤が床から上がってかまいません。大腿四頭筋、股関節、腹斜筋にストレッチを感じます。両肩と上体は床に固定します。ストレッチした状態をホールドし、息を吸います。息を吐いて、腹筋を使い、両膝をセンターに向けて持ち上げ、さらに左に倒し、頭を右に向けます。10回繰り返します。

レイズド・ヒップ・ロール
Raised hip rolls

これは上級のエクササイズで、腹筋をきちんとコントロールできなければなりません。骨盤から腰にかけての領域を強化し、固定するほか、脊柱の回旋を補助します。

このエクササイズで重要なポイントは、骨盤と脚を1つのユニットとして脇に動かすこと、両脚をそろえること、脚下部とかかとをごくわずかに膝より低くし、股関節屈曲筋をゆるめることです。太腿の間に小さな枕を入れるとやりやすいでしょう。両肩を床に固定し、指先を伸ばしてセンターから離すことで固定点を作り、そこから離すようにストレッチをします。下背部痛を感じたらすぐにやめて、腹筋が強くなったときに、もう一度このエクササイズをやってみましょう。

1. 仰向けに横になり、頭の下に小さなブロックを入れます。両膝が股関節の上にくるように曲げて、太腿を床に対して垂直にします。足と膝をそろえ、両手を床の上に置き、腕を肩の高さで遠くに伸ばし、手のひらを下に向けます。腹筋を使い、骨盤を固定します。息を吸います。

2. 息を吐きながら、右肩甲骨が床から離れない範囲で、膝をゆっくり左に倒します。頭を右に向けます。ストレッチした状態をホールドし、息を吸います。

3. 息を吐いて、腹筋を使って膝を持ち上げ、センターまで戻します。両膝をそのまま動かして右側に倒し、頭を左に向けます。10回繰り返します。

ターゲットにする筋

- 骨盤の固定筋：腹横筋、内腹斜筋、外腹斜筋
- 背部の伸筋：広背筋、僧帽筋
- 脚の内転筋：内転筋群

シングル・レッグ・ヒップ・ロール
Single leg hip rolls

このエクササイズでは、脚の重みを支えるために、腹筋をしっかりとコントロールしつづけなければなりません。そのため、このエクササイズは上級者向けです。できる人にとっては、股関節と腰椎をストレッチするすばらしいエクササイズです。

膝を反対側にもっていくときに、ウェストを長く保ち、股関節が急に動かないようにします。腹筋で脚を支え、脚が反対側の床にどさりと落ちないようにします（脚の重みで引き下ろされると考えます）。必要と思う時間、ホールドします。ステップ4でストレッチを深めたいときは、足首を曲げて、かかとを押し出しましょう。

ターゲットにする筋

- 骨盤の固定筋：腹横筋、内腹斜筋、外腹斜筋
- 背部の伸筋：広背筋、僧帽筋
- 脚の内転筋：内転筋群

1. 仰向けのポジションで背中を平らにつけて横になり、頭の下に小さなブロックを入れます。両手を床の上に置き、腕を肩の高さで遠くに伸ばし、手のひらを下に向けます。脚をそろえ、つま先を軽くポイントにします。腹筋を使い、骨盤を固定します。

2. 息を吸いながら、右膝を曲げて右股関節の上にくるまで持ち上げ、直角に曲げます。

シングル・レッグ・ヒップ・ロール 113

3. 息を吐いて、腹筋を使い、右膝を左側までもっていきます。このとき右股関節が床から離れてかまいませんが、右肩甲骨は床につけておきます。頭を右に向けます。左脚をまっすぐにしておきます。右脚が次第に重くなるので、殿筋がストレッチするのを感じましょう。

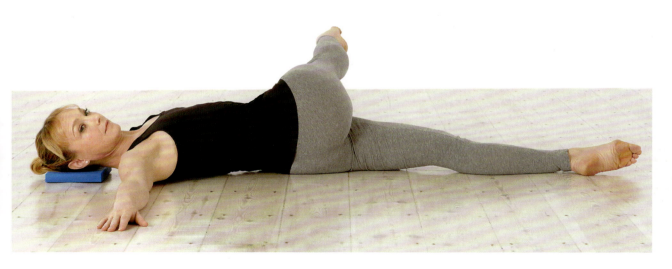

4. 息を吐きつづけながら、右脚を徐々にまっすぐに伸ばし、できるだけセンターから離します。右肩甲骨は床につけておきます。次に、息を吸って右膝をステップ2のポジションに戻してから、ステップ1のポジションに戻します。左脚でも同じことをします。

手と膝をついたエクササイズ
Quadruped exercises

負荷をかけずに脊椎を前後に動かすことができる「手と膝をついた」ポジションで行うピラーティスがいくつかあります。このポジションなら、同じ動きでも立位より安全に行うことができます。

　手と膝をつくと、骨盤を動かし、脊柱の屈筋と伸筋を使うことができます。これらは、背部の筋力の維持に欠かせません。手と膝をついたポジションはほとんどの人に向いていますが、手首にけがをした人、繰り返しねんざをするなどの問題がある人や、手根管症候群の人にはむずかしいかもしれません。手首に問題がある人は、小さなタオルを巻いて手のかかとの下に入れてみましょう。手首が後ろに伸展しすぎなくなります。しかし、それでもこのポジションで不快感があるときは、このシリーズはできないでしょう。膝に問題がある人は、専門家の許可を得るまではこのポジションでのエクササイズは避けるべきです。これらの問題がない人は、ぜひ試してください。手と膝をついたエクササイズのなかでも私がとくに勧めたい「キャット」（p.117を参照）と「ドッグ」（p.118を参照）は、背部の強化に役立ちます。

手と膝をついたポジション
Quadruped position

手と膝をついたポジションになるときは、手首を肩の真下に、膝を股関節の真下に置き、テーブルの脚のような形にします。

手と膝をついたポジションでは、脊椎の自然なカーブを維持しなければなりません。腹筋を使ってお腹を引き上げ、腰椎を支えます。お腹が下に落ちないようにしないと、背中がアーチ状になります。肩甲骨をやさしく引き下げて首を長くし、肩を固定し、胸郭を長くして支えます。肩、手首、手に圧を感じるようではいけません。手を平らにし、指先を前に向けて、快適に感じるポジションを見つけましょう。

膝を平行にして床につき、腰幅に離します。股関節を膝の真上に置き、股関節と膝が直角に曲がるようにします。手を肩幅に開き、手のひらを下にして床につき、肩の真下にくるようにし、指先を前に向けます。前腕を慎重に外旋し、体重が親指の関節にのるようにすると、上背部が開いた状態を維持できます。

116　プレピラーティス・エクササイズ：手と膝をついたエクササイズ

手と膝をついたポジションの スタティック・アブ
Quadruped static abs

側臥位のアブ（p.98を参照）と同じように、重力に抗して腹筋を引き上げなければなりません。そのため、半仰向けのスタティック・アブ（p.58を参照）よりきつくなりますが、この領域を強化するためには試す価値があります。

　何より重要なことは、腹筋を床に「落とす」ときに、骨盤が傾いたり腰椎がアーチを描いたりしないことです。脊椎の自然なカーブはつねに維持しなければならないので、意識しましょう。体重を手と脚下部に均等に分散し、腹部だけを動かします。

ターゲットにする筋
- 腹筋：腹横筋、腹直筋

1. 手と膝をついたポジションになり、息を吸います。腹筋を床のほうに垂らしますが、腰椎を自然のカーブから引っ張ってはいけません。

2. 息を吐いて、腰椎のカーブを変えずに、腹筋を天井に向けて引き上げます。胸郭はゆるめておきます。腹筋をゆっくりリリースし、これを10回繰り返します。

手と膝をついたポジションのスタティック・アブ／キャット　117

キャット
The cat

このエクササイズでは、脊椎を尾骨から頭頂部までなめらかに、流れるように動かして、脊椎の屈曲と伸展をします。イメージをつかむために、昼寝から起きた猫が背中を優雅に伸ばすところを思い浮かべてください。

　骨盤の後傾で動きを主導し、腹筋を天井のほうに引き上げ、脊椎を屈曲しながら、頭を床のほうに落とします。恥骨から胸骨までを長くすることで、脊椎を長くしていると考えます。

　股関節の屈曲筋と腹筋で骨盤を後傾させながら、尾骨を下に引きます。テーブルの脚のように、腕と脚の4点で支えていると考えます。エクササイズ中は体重を均等に分散し、股関節が膝の上に、肩が手の上にくるようにします。手を床に押しつけます。

　キャットは、脊柱の伸筋を使うのに役立ちます。チェスト・リフト（p.81を参照）のように背中の伸展にとくに集中するエクササイズのルーティンの合間にはさむと効果的です。

1. 手と膝をついたポジションになり、脊椎の正しいアライメントを保ちます。腹筋を使い、息を吸います。

2. 息を吐いて、骨盤を後傾し、脊椎をカーブさせて伸展します。胸椎を伸展しながら、腰椎のカーブをコントロールします。頭頂部を床のほうに落とし、視線を太腿に向けます。ストレッチした状態をホールドします。

3. 息を吸い、尾骨から始めて骨盤を前傾し、腰椎がアーチを描いたり落ちたりしないようにしながら、尾骨をカールして最初のポジションに戻します。腹筋を使って、動きをコントロールします。5回繰り返します。

ターゲットにする筋

- 脊柱の伸筋：脊柱起立筋（棘筋、最長筋、腸肋筋）、半棘筋、脊柱背面の深層筋群
- 脊柱の屈曲筋：腹直筋、内腹斜筋、外腹斜筋

ドッグ　The dog

このポジションの目的は、反対側の腕と脚を上げるときに脊椎の自然なカーブを維持することです。ピラーティス・スタジオでは、私はクライアントの背中に短い棒をのせてこの点を強調します。棒が落ちたら、エクササイズを正しく行っていない証拠です！

このエクササイズは、初心者向けに分解し、一度に片腕だけ、あるいは片脚だけストレッチすることもできます。キャット（p.117を参照）より筋力とバランスが必要ですが、それに対処できれば下背部痛がある人に最適です。動く間に腰椎を支えるのが大変な人は、バランスボールやちょうどいい高さのスツールにのってもかまいません。

大切なことは、エクササイズを通して脊椎の自然なカーブを維持することです。体を支えている腕や脚に体重を移さないよう注意してください。コントロールできるよう、ゆっくりとなめらかに動きつづけるのです。

首や肩が緊張していると感じたときは、ポジションを調整して体重を腕と脚に均等にバランスよく分散し、肩甲骨を引き下げて、首にかかる圧を取り除きます。

バリエーションでは難易度を上げ、さらに腹筋のコントロールを要求します。支えている脚にもたれないのはむずかしいことですが、それが欠かせません。腕や脚を伸ばすときに腰椎がアーチを描いたり落ちたりすると感じるときは、エクササイズの最初の部分を練習し、筋力がついてからバリエーションに進みましょう。

1. 手と膝をついたポジションになります。息を吸います。

2. 息を吐きながら、腹筋を使い、右足を床に沿って後ろに滑らせると同時に、左手を前に滑らせます。手と足を同時にゆっくり持ち上げて、床から離します。

3. 手と足の高さを上げていき、腕と脚を床に対して平行にします。背中がアーチを描いてはいけません。息を吸いながら、最初のポジションに戻ります。右腕と左脚で、繰り返します。各対角線で5回ずつ繰り返します。

ターゲットにする筋

- 脊柱の伸筋：脊柱起立筋（棘筋、最長筋、腸肋筋）、半棘筋、脊柱背面の深層筋群
- 脊柱の屈曲筋：腹直筋、内腹斜筋、外腹斜筋
- 脚の運動：ハムストリングス、殿筋、大腿四頭筋

> **バリエーション**
>
> 1. 手と膝をついたポジションになります。息を吸って、腹筋を使い、脊椎を屈曲しながら、右肘と左膝を体幹の下で近づけます。
>
> 2. 息を吐いて、腕と脚を外に向かって伸ばし、メイン・エクササイズのステップ2と同じポジションになります。ステップ1-2を5回繰り返してから、手と膝をついたポジションに戻ります。次に、左肘と右膝で、同じことを5回繰り返します。

バック・レスト Back rest

これは簡単でありながら脊椎のストレッチとして効果的なので、キャットとドッグのワークをしたあとに行うのが理想的です。ほとんどの人に適したエクササイズです。

体を前に倒し、額を床につけてこのポジションになると、下部脊柱の筋が気持ちよく引っ張られるのを感じられます。下背部外側の筋もストレッチしたいときは、指を左右に歩かせてかまいません。膝に問題があるときはこのエクササイズはせず、下背部に問題があるときは慎重に行います。しかし、それらの問題がなければ大丈夫です。

手と膝をついたポジションになります。息を吐いて、お尻をかかとにつけ、上体を下ろし、額を床につけます。両手をできるだけ遠くに滑らせ、脊椎のストレッチを感じます。楽に呼吸しながら、このポジションで1分間休みます。

座位の上部体幹の エクササイズ
Sitting upper torso exercises

座位の上部体幹のエクササイズは、職場の席にいるときでもできます。これらのエクササイズは、肩の硬さをゆるめるのに役立ちます。いつもショルダー・シュラッグ（p.121を参照）を何度かやって肩をゆるめてから、このシリーズのほかのエクササイズに進むことをお勧めします。

　このグループのエクササイズでは、股関節と膝が直角になる高さのスツールか、肘掛けのない椅子が必要です。つまり、椅子の高さは自分の膝からかかとまでの長さと同じということです。椅子が高すぎる場合は、足の下にブロックを置いて、股関節と膝を直角にしてもかまいません。ぐらぐらしない、安定したスツールや椅子、そして滑らないブロックを選びます。
　足をしっかり床につけ、膝を腰幅に離して座ります。太腿を平行に保ち、ハムストリングスをできるだけ広く椅子につけます。体重を坐骨に均等に分散してから椅子に下ろし、腰椎と腹筋を固定します。頭頂部まで脊椎を長くし、腰椎の自然なカーブを維持し、腹筋を軽く使います。肩甲骨を胸郭の背面にやさしく引き下げます。これが、このシリーズのエクササイズすべての最初のポジションです。正しい座り方を自然にできるようになるまでは、心の中でチェックリストを思い浮かべて、毎回確認してください。

ショルダー・シュラッグ
Shoulder shrugs

ショルダー・シュラッグは、広背筋と僧帽筋の位置の確認に役立つエクササイズです。肩甲骨を引き下げるとき、僧帽筋から押すのではなく、広背筋を使うことに気持ちを集中します。

ショルダー・シュラッグは、エクササイズを始める前に、硬くなった肩の筋をゆるめるのに役立ちます。肩を自然なポジションまで滑り下ろさなければならないので、上部体幹シリーズの最初に行うとよいでしょう。自分の姿を鏡に映し、一方の肩が他方より上がっていないか観察します。上がっている場合は修正し、左右対称にします。

> **ターゲットにする筋**
> - 肩甲骨の固定筋：広背筋、僧帽筋

1. 椅子かスツールに背筋を伸ばして座り、足をしっかり床につけるか、小さなブロックの上に置き、膝と股関節を直角に曲げます。腕は、肩のラインよりやや前で、体の脇にたらします。

2. 息を吸い、耳まで肩をすくめますが、あまり強く押し上げてはいけません。息を吐いて、広背筋を使って、肩をゆっくり後ろに滑らせます。脊椎を長く保ち、胸骨が持ち上がると考えます。何回か繰り返します。

ピロー・スクイーズ
Pillow squeeze

ピラーティスのエクササイズの多くでは、肩甲骨を引き締めるのではなく、肩甲骨の間を広く保つことが求められます。このエクササイズは、肩甲骨を前後に引っ張り背中を広くする前鋸筋を強化します。

片手を反対側の脇の下に入れ、腕を内側に引き締めると、体側で前鋸筋が働いているのが感じられます。この簡単なエクササイズは、前鋸筋を見つけて強化するのに役立つので、もっと複雑なエクササイズで前鋸筋が必要になったときに効率よく使えるようになります。ピロー・スクイーズは、肩が硬いときに向いているほか、肩甲骨が突き出た人にも役立ちます。

ターゲットにする筋
- 肩甲骨の運動：前鋸筋

1. 椅子かスツールに背筋を伸ばして座り、足をしっかり床につけるか、小さなブロックの上に置きます。枕を半分に折り、片方の脇の下に入れ、肋骨と肘で脇に抱えます。息を吸います。

2. 息を吐きながら、上腕でやさしく枕を引き締めます。5カウント、ホールドしてからゆるめます。各側で10回繰り返します。

シッティング・ラッツ
Sitting lats

このエクササイズでは、広背筋をアイソレートし、広背筋を使って動きをコントロールする方法を学びます。広背筋が肩甲骨のすぐ下で働くのを感じるはずなので、その感覚を使って筋記憶を形成してください。

シッティング・ラッツでは、エクササイズ中ずっとよい姿勢で座っていることが欠かせません。腹筋を引き入れ、脊椎を長く保ちましょう。肩を下ろしたままにし、前にカールしないように気をつけます。指先を床のほうに伸ばし、ステップ2では腕を後ろや上に押しすぎないようにします。手の幅と同じくらいの距離でかまいません。視線をまっすぐ前に向け、首を長くします。腕を後ろに動かすときは、胸が開くのを感じましょう。

1. 椅子かスツールに背筋を伸ばして座り、足をしっかり床につけるか、小さなブロックの上に置きます。膝と股関節を直角に曲げ、手のひらを後ろに向けて、腕を体の脇にたらします。

2. 息を吸いながら、腹筋を使い、肩の位置を保ったまま、腕を後ろに引きます。腕が股関節の後ろに動くとき、腕を内旋して広背筋をもう少し働かせます。息を吸いながら、最初のポジションに戻ります。10回繰り返します。

バリエーション

シッティング・ラッツを正しくできる自信がついたら、2kg以下のウェイトを両手に1つずつ持って、このエクササイズをしてみましょう。手のひらは後ろに向けます。

ターゲットにする筋

● 肩甲骨の運動：広背筋

アーム・オープニング
Arm openings

これは、とても効率よく胸を開くエクササイズで、肩を固定し、姿勢を改善します。基本的なポジションが2つあり、どちらも上部体幹の別の領域の筋を動かします。

エクササイズを始める前に、姿勢をチェックします。股関節と膝が直角になり、脊椎が長くなり、肩が下りていますか？肘を直角に曲げて、肩のラインよりやや前に起き、前腕を床に対して平行にします。

動きはじめるとき、肘は最初のポジションを保ったままにし、前腕を外側に開くときのちょうつがいにします。底辺が肩、頂点が胸骨のセンターにある三角形を開くと考えるのです。肩を下ろし、首を長くしたまま、脊椎の正しい姿勢を維持します。背中で働いている筋に集中します。首をすくめてはいけません。腕を開きながら頭を軽く反らすと、首をゆるめるのに役立ちます。

ターゲットにする筋

- ローテーターカフ：棘上筋、棘下筋、小円筋、肩甲下筋、大円筋
- 肩甲骨の固定筋：僧帽筋、広背筋、前鋸筋
- 腕の運動：大胸筋、三角筋、菱形筋

手のひらを内側に向ける

1. 椅子かスツールに背筋を伸ばして座り、足をしっかり床につけるか、小さなブロックの上に置きます。体の脇の肩のラインよりやや前で肘を直角に曲げ、手のひらを内側に向けます。

2. 息を吐きながら、腹筋を使い、広背筋を引き下げて、腕をゆっくり外側に動かします。肘は同じポジションに保ちます。できるだけ遠くまで動かします。

3. 息を吸って、手のひらを返して天井に向けます。

アーム・オープニング 125

4. 息を吐いて、腕を回旋し、手のひらを前に向けます。

5. 息を吸いながら、腕を最初のポジションに戻します。10回繰り返します。

手のひらを下に向ける

1. 前ページのステップ1の最初のポジションになりますが、腕がテーブルにのっているかのように、手のひらを下に向けます。

2. 息を吸いながら、菱形筋を使い、ステップ2と同様に前腕を外側に開きます。息を吐きながら、最初のポジションに戻ります。10回繰り返します。

ソラシック・エクステンション
Thoracic extension

これはすばらしいストレッチで、胸椎と頸椎を動かし、硬くなった肩や胸筋をゆるめます。

　僧帽筋が肩でかたまると、僧帽筋が前にロールし、胸筋が硬くなり、柔軟性が減ります。こうした問題のあるクライアントがスタジオに来たら、私は上部体幹のワークをたくさん行い、胸が開き、肩甲骨が引き下げられ、上部脊椎が動くようにします。これは、アーム・オープニング（p.124-125を参照）と並び、上部体幹のエクササイズでも最良のものです。クライアントがこれら2つのエクササイズを定期的に始めると、通常はわずか数週間で姿勢がよくなり、上体の柔軟性が高まります。腕を動かすときに、肩甲骨を下げておくことを忘れずに。

> **ターゲットにする筋**
> - ローテーターカフ：棘上筋、棘下筋、小円筋、肩甲下筋、大円筋
> - 肩甲骨の固定筋：僧帽筋、広背筋、前鋸筋
> - 腕の運動：大胸筋、三角筋、菱形筋

1. 椅子かスツールに背筋を伸ばして座り、足をしっかり床につけるか、小さなブロックの上に置き、膝と股関節を直角に曲げます。肘を直角に曲げ、体の脇の肩のラインよりやや前で直角に曲げ、手のひらを下に向けます。

2. 息を吸い、前腕を体側まで開きます。肘のポジションは変えません。

ソラシック・エクステンション 127

3. 息を吸いつづけ、肘を外側に上げ、腕の真後ろに置きます。

4. 息を吐いて、肘を後ろに動かします。

5. 息を吸い、腕をまっすぐ伸ばし、胸を持ち上げ、首は上体と一直線に保ちます。視線は上のほうに動かしますが、頭を後ろに傾けてはいけません。

6. 息を吐いて、腕を前にもっていき、自分の体を抱くように胸を包み込みます。肩甲骨の縁をつかみ、上背部をやさしく引っ張ります。最初のポジションに戻ります。10回繰り返します。

ソラシック・サイド・ベンド
Thoracic side bend

このエクササイズでは、胸椎を側屈し、ウェストの外側を長くします。ストレッチするときは固定点を作ってそこから引っ張りますが、このケースでは手のかかとを脇の下に置いて、固定点にします。

脊椎をまっすぐ伸ばし、股関節を直角に曲げ、足を前に向け、肩をゆるめます。体を曲げるときに前後に倒れないようにします。

1. 椅子かスツールに背筋を伸ばして座り、足をしっかり床につけるか、小さなブロックの上に置きます。左手のかかとを左脇の下のすぐ下にあてます。腹筋を使い、息を吸います。

2. 息を吐きながら、右腕を上げて、頭の上でアーチを作ります。

3. 息を吐きつづけながら、頭を左に向け、左側に曲げます。脇の下に置いた手で、体が遠くに行きすぎないように止めます。息を吸い、センターに戻ります。各側で5回ずつ繰り返します。

コサック・アーム
Cossack arms

中部胸椎の辺りを回旋しようとするとき、クライアントの多くはあまりの硬さに驚きます。日常生活では、体を前後に曲げるほどにはこの方向に体を回旋しません。しかし、柔軟性を取り戻すためには大切な運動です。

このエクササイズでは、脊椎を回旋の中心軸とし、骨盤、膝、足をまったく動かしません。腰椎を腹筋で支え、肩をゆるめて水平にすることが重要です。鼻と指が直線を保つようにします。

初心者を指導するときは、背中に棒をあてて、腕をそれに巻きつけ、よい姿勢をとりやすくすることがあります。肩をひとかたまりにし、中部胸椎の筋ではなく肩の筋を働かせる傾向があるときは、とくに役立ちます。

このエクササイズでは、呼吸法が3通りあります。回旋するときに息を吸い、戻るときに息を吐く。回旋するときに息を吐き、戻るときに息を吸う。あるいは、ダブル・ブレス（回旋するときに息を吸い、止まって息を吐き、もう少し回旋して息を吸い、戻るときに息を吐く）でもかまいません。すべてを試し、どの呼吸パターンが自分にちょうどいいかを見つけてください。ダブル・ブレスの方法を以下のステップで、もう1つの方法を、棒を使ったバリエーション（以下の囲み記事を参照）で解説しました。

1. 椅子かスツールに背筋を伸ばして座り、足をしっかり床につけるか、小さなブロックの上に置きます。肘を外側に曲げて、胸骨の前で左右の指先を合わせながら、こぶしも合わせます。腹筋を使い、肩甲骨を引き下げます。

2. 息を吸いながら、上体を左に回旋します。肩をゆるめ、骨盤、股関節、膝を前に向けた状態を維持します。止まって、息を吐きます。もう少し回旋します。息を吸います。息を吐きながらセンターに戻ります。各方向に5回ずつ繰り返します。

棒を使ったバリエーション

長さ1mほどの棒を腰の高さで背中にあてます。両腕を巻きつけ、指をへそのほうに向けて、手をウェストに置きます。息を吸います。息を吐いて、上体を1つのユニットとして右に回旋します。棒の先端が動きを生み出していると想像します。下半身は動かしません。静止し、もう少し回旋します。息を吸いながらも最初のポジションに戻ります。各方向に5回ずつ繰り返します。

ターゲットにする筋

- ローテーターカフ：棘上筋、棘下筋、小円筋、肩甲下筋、大円筋
- 肩甲骨の固定：僧帽筋、広背筋、前鋸筋
- 腕の運動：大胸筋、三角筋

ハンドウェイトを使ったエクササイズ
Working with handheld weights

ウェイトは、エクササイズの強度を高めるのに便利ですが、重さ2kgを超えるハンドウェイトやレッグウェイトを買うのは勧めません。重いウェイトを使うと筋が緊張し、太くなります。ピラーティスの目的は、長く、細く、強い筋を作ることなのです。

　ハンドウェイトを買う前には、グリップが快適かどうかを確かめたほうがよいでしょう。手首、肘、肩が弱い人は、ウェイトを持たずにエクササイズをしてから、徐々にウェイトを重くします。これらのエクササイズが簡単だと思えたら、ウェイトを重くするのではなく、反復する回数を増やしましょう。

　ハンドウェイトを使うときに重要なのは、腹筋と広背筋を使って胴体を固定し、センターから引っ張られることも、脊椎の自然なカーブを失うこともないようにすることです。エクササイズを始める前に腹筋を使うよう指示されなくても、つねに最初に腹筋を使います。いずれ自動的にできるようになります。骨盤をニュートラルに保ち、肩甲骨をつねに引き下げることで、首や肩の筋を使いたくならないようにします。

　テニス肘、手根管症候群の人や、ねんざを繰り返す人は、ハンドウェイトを使わないほうがよいでしょう。上部体幹や腕が弱い人は、ハンドウェイトを使う前に専門家に相談してください。

ライイング・トライセップ
Lying triceps

このエクササイズは、多くの人の悩みの種である、たるんだ上腕をターゲットにします。上腕三頭筋が強いと、肘関節の正しいアライメントを保てるので、けがの予防にもなります。

最初のポジションでは、両腕で四角形を作ると考えます。これを確固とした枠組みにして、ここから体の他の部位を関与させずに動くのです。肩をゆるめて床に沈め、広背筋を引き、首まで働かせないようにします。首の腱が浮き出るようなら、すぐにエクササイズをやめ、肩甲骨を引き下げます。

首や肩に問題があり、腕をこの角度に保つのがむずかしいときは、台の上に座り、上腕をボックスの上にのせて床と平行にし、このエクササイズのバリエーションをしてもかまいません。肘を直角に曲げてからまっすぐ伸ばすと、ほかの部位を緊張させることなく上腕三頭筋を働かせることができます。

ターゲットにする筋
- 肘の屈曲筋と伸筋：上腕三頭筋、上腕二頭筋

1. 半仰向けのポジションで横になります。右手にウェイトを持ち、腕を天井に向けて伸ばします。左手の甲を右肘の後ろ側にあて、腕と胸の間に四角形を作ります。肩甲骨を引き下げ、肩をゆるめて床に沈めます。

2. 息を吸い、右腕を曲げて肩と肘を直角にし、上腕を床と垂直にし、前腕を床に対して水平にします。息を吐いて、上腕のポジションを変えずに、右肘をゆっくり伸ばします。各腕で10回ずつ繰り返します。

シッティング・バイセップ
Sitting biceps

ほとんどの人は、上腕三頭筋より上腕二頭筋のほうが強いので、上腕三頭筋を使うセッションのたびに反対の筋である上腕二頭筋のエクササイズを入れる必要はないでしょう。シッティング・バイセップは、とくに腕が弱い人が筋力をつけるときに役立ちます。

　このエクササイズをするときは、スツールか肘掛けがついていない椅子によい姿勢で座り、脚を床にしっかりつけ、股関節と膝を直角に曲げ、すべてを一直線にします。腹筋を軽く使い、脊椎の自然なカーブを維持し、肩甲骨を引き下げて、上部体幹を固定します。ウェイトの動きで体がふらつかないように、また腕だけを動かすように、しっかり体を固定します。

　動く間は、肘を肩の真下に置き、ウェストのほうに流れないようにします。上腕は動かしません。ウェイトが肩に触れるほど腕を曲げようとしてはいけません。前腕と上腕が作る角度が45度のときが、最も効果が高いからです。息を吐きながらウェイトを持ち上げ、息を吸いながら元に戻すときは、なめらかで流れるようなリズムで行いましょう。エクササイズ中はずっと、肩甲骨を引き下げておきます。首が緊張していると感じたらすぐにエクササイズをやめ、ウェイトを持たずにエクササイズをします。

ターゲットにする筋
- 肘の屈曲筋と伸筋：上腕二頭筋、上腕三頭筋

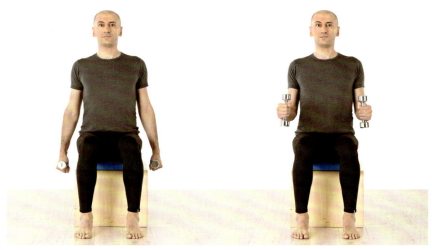

1. 左右それぞれの手にウェイトを持ち、スツールに座り、手のひらを内側に向けて両腕を体の脇に垂らします。

2. 息を吐きながら、肘を曲げてウェイトをウェストの高さまで持ち上げます。肘のポジションは変えません。

3. 前腕を回旋し、手のひらを天井に向けます。

4. ウェイトを肩の高さまで持ち上げます。息を吸いながらゆっくりと腕を伸ばします。10回繰り返します。

シッティング・デルトイド
Sitting deltoids

三角筋が整っていると、肩の形がよくなり、物を持ち上げたり運んだりするときのけがを予防できます。

座位でのエクササイズはどれも同じですが、エクササイズを始める前に姿勢をチェックし、姿勢筋を使って体幹を固定します。肩甲骨を引き下げると、持ち上げる動きのときに首の筋を使わなくなり、腹筋を使うと、腰椎の保護になります。

このエクササイズでは、3つの異なる角度でウェイトを外側に持ち上げます。それぞれ三角筋の別の領域を使うので、ワークアウトにはすべてを取り入れましょう。

1. 背筋を伸ばしてスツールに座り、腕を脇に垂らし、手のひらを内側に向けて左右の手にウェイトを持ちます。息を吸います。

2. 息を吐きながら、肩の高さよりやや低い位置まで両腕を持ち上げます。このとき肘を軽く曲げ、手のひらを下に向けます。

3. 肩の高さで手のひらを下に向けたまま、両腕を前にまっすぐ伸ばし、ウェイトを引き寄せます。息を吸って、ステップ1のように両腕を体の脇に戻します。

4. 息を吐いて、両腕を手のひら1つ分、後ろにもっていきます。肩関節が前に回旋しないよう注意します。ステップ1のように腕を前にもってきます。すべてのシーケンスを10回繰り返します。

ターゲットにする筋
- 肩の伸筋：三角筋

ライング・ペック
Lying pecs

胸筋が硬く、発達しすぎていると、肩が前に引っ張られ、胸椎と脊椎のアライメントが崩れます。胸筋と背中を協力して働かせると、胸が開き、姿勢と呼吸の改善に役立ちます。

動きはじめる前に、腹筋を使い、肩甲骨を引き下げます。ウェイトを頭上で持つのが大変なときは、まずウェイトを持たずに練習し、最初のポジションでは指先を触れるだけにします。ステップ3では、ウェイトが胸骨の真上にくるようにして、両腕で円を描くと考えます。ステップ4で腕を開くとき、腕の曲線を保ちましょう。上腕が床についたらすぐに、息を吐いて、最初のポジションに戻ります。ウェイトを床につけると、肋骨が持ち上がり、背中がアーチを描いてしまうので、ウェイトは床につけません。

1. 半仰向けのポジションで横になり、頭の下に小さなブロックを入れます。左右の手にウェイトを持ち、手のひらを前に向けて、ウェイトを肩の真上に持ち上げます。

2. 息を吐きながら、肘を下ろして肩の脇で床につけ、前腕を床に対して垂直にします。息を吸いながら、腕を持ち上げます。10回繰り返します。

ターゲットにする筋

● 胸を開く：大胸筋

3. ステップ1で説明した最初のポジションで横になりますが、腕を回旋して手のひらを内側に向けます。肘を軽く曲げます。

4. 腹筋を使い、息を吐きながら、空中で弧を描くように、肩の脇の床のほうにウェイトを下ろします。背中がアーチを描いたり、肋骨が持ち上がったりしないようにします。肋骨が持ち上がる手前で止め、息を吸いながら腕を上げます。ステップ3-4を10回繰り返します。

脚のワーク
Leg work

ピラーティス・エクササイズでは、なんらかの形で脚を使います。しかし、この項では、脚の特定の筋をターゲットにしたエクササイズを紹介します。

　脚のワークアウトをデザインするときは、反対の筋群とのバランスをとるエクササイズを選びます（内転筋と外転筋、ハムストリングスと大腿四頭筋）。脚全体の筋を整え、強化することを目的とするのです。

アダクター・スクイーズ
Adductor squeeze

上部体幹の内転筋用のエクササイズとしては、ピロー・スクイーズ（p.122を参照）があります。このアダクター・スクイーズは似たような働きですが、内太腿に効きます。内太腿の筋の位置を知り、使えるようになるために、このエクササイズをやってみましょう。

エクササイズのステップ1のように、たたんだタオルを締めつけるだけでもかまいません。しかし、強度を上げるためには、チェスト・リフト（p.81を参照）のように腹筋を使い、上部体幹を持ち上げましょう。

1. 半仰向けのポジションで横になり、頭の下に小さなブロックを、太腿の間に巻いたタオルか枕を入れます。息を吐きながら、内太腿を引き寄せ、8秒間ホールドします。息を吸い、リリースします。5回繰り返します。

2. 腹筋を使い、息を吐いて、胸骨でリードしながら上体を持ち上げ、巻いたタオルか枕を内太腿で締めつけます。両腕を股関節の高さでまっすぐ前に伸ばします。8秒間ホールドし、息を吸いながら、最初のポジションに戻ります。このステップを5回繰り返します。

ターゲットにする筋

- 脚の内転：内転筋群

シッティング・アダクター
Sitting adductors

これは内太腿を強化する簡単なエクササイズなので、内転筋を見つけてアイソレートする方法を学んでいる初期の頃に役立ちます。脚をむき出しにしてこのエクササイズをしてみると、筋が働いているようすを目で見ることができます。

アウター・サイ・リフト（p.102を参照）に似た、側臥位で行う内転筋のエクササイズもありますが、座位で行うもののほうが動きの幅が大きいので、効果が高いと思います。

最初のポジションでは、心地よく感じる程度に脚を広げます。無理をしてはいけません。背中をまっすぐに保つために、壁や重い家具にもたれてもかまいません。伸ばした脚をできるだけ体のセンターラインから反対側までもっていきますが、無理は禁物です。人工股関節置換術を受けた人は、センターラインを超えて内転するのは禁忌なので、このエクササイズは向きません。

アンクルウェイトは動きの邪魔になるので、つけません。強度を上げたいときは、反復回数を増やします。動かす脚を軽く外旋すると、内転筋の別の領域がターゲットになるので、それも役立ちます。どちらかの脚のほうがエクササイズが簡単に感じられるときは、弱いほうの脚の反復回数を増やします。

ターゲットにする筋

- 脚の内転と外旋：短内転筋、長内転筋
- 内転：大腿直筋

1. 床に座り、心地よいと感じる範囲でできるだけ脚を広げます。右膝を曲げて、足裏を床につけます。右手を右膝にあてて背部を支え、左手を体の脇の床におきますが、手にもたれてはいけません。

2. 息を吐きながら、床の上で左脚を滑らせ、センターラインを超えてできるだけ右脚に近づけます。息を吸いながら、最初のポジションに戻ります。各脚で8回ずつ繰り返します。

脚を伸ばしたバリエーション

1. 床に座り、両脚を伸ばして広げます。太腿のすぐ後ろの床に両手を置きます。

2. 息を吐きながら、床の上で左脚を滑らせ、センターラインを超えるところまでもっていきます。息を吸いながら、最初のポジションに戻ります。各脚で8回ずつ繰り返します。

クアドリセップ
Quadriceps

クアドリセップ・エクササイズでは、脚を伸ばしても曲げていても、膝の正しいアライメントを保ち、膝蓋骨をまっすぐ前に向けつづけることがポイントです。

ほとんどの人は大腿四頭筋のほうがハムストリングスより強いので、スタジオではあまりクアドリセップのエクササイズはしません。それでも、病気やけがの回復期にあり、大腿四頭筋が弱い人は、ここを働かせる必要があるでしょう。膝に問題があるときは、とくに慎重にクアドリセップのエクササイズを行うようにし、アンクルウェイトを足首に巻いてはいけません。中程度の動きにとどめ、不快感があったらエクササイズをやめます。

巻いたタオルか枕を太腿の下に入れてみて、右足のかかとを床につけつつ、太腿をちょうどよい高さで支えることができるか、試してください。床につけた足が、かかととつま先の上にのっているかどうかを確かめます。大腿四頭筋が強くなったら、最後に背屈するときに、脚を外旋させてもかまいません。

クアドリセップのエクササイズには別の方法もあります。台の上に座り、小さく巻いたタオルを両膝の後ろに入れ、足を両側に垂らします。足を軽くポイントにし、脚を交互に伸ばしてから、曲げて下ろします。しかし、膝が弱い人はこのバージョンは試みないでください。

1. 仰向けに横になり、頭の下に小さなブロックを、右膝の下に巻いたタオルか枕を入れます。左脚をタオルの脇で曲げて、足をしっかりと床につけます。両腕を体の脇に垂らします。

2. 息を吸いながら、右足を軽く屈曲したまま持ち上げます。膝を伸ばして、足を背屈します。

3. 今度は足をポイントにします。もう一度足を屈曲します。息を吐きながら、脚を床に下ろします。各脚で5回ずつ繰り返します。

ターゲットにする筋

- 膝の伸筋：大腿直筋、広筋群

デベロッペ
Developpé

このエクササイズはバレエの動きをもとにしています。股関節の柔軟性によりますが、脚を前後に、そしてできるだけ上にストレッチします。

このエクササイズには4つのパートがあります。側臥位では、側臥位のポジションのきまりをすべて思い出し（p.97を参照）、肩と股関節のアライメントを保ち、コア筋を使って前後にロールしないようにします。上側の脚だけが動き、体の他の部位はまったく動かないものと考えます。ウェストを沈めてはいけません。首を長く保ちます。上側の腕の指は体の前の床に軽くつけてもかまいませんが、もたれてはいけません。コア筋でバランスをとるのです。

上げた脚を動かすときは、長く、まっすぐに保ち、同じ高さでホールドします。股関節の外転筋で脚を上に支える一方で、股関節の屈曲筋は前に、股関節の伸筋は後ろにもっていきます。長く、優雅なラインを保ち、なめらかで流れるような動きにします。休みを入れずに次のシーケンスに進むのです。バレエのダンサーが、バー・エクササイズをしていると考えましょう（ダンサーほど股関節が柔軟でないのはしかたがありません）。足を曲げ、かかとまで伸ばすと、ハムストリングスのストレッチになります。

半仰向けのデベロッペ

1. 半仰向けのポジションで横になり、頭の下に小さなブロックを入れ、腕を脇に垂らします。

2. 息を吸い、腹筋を使い、右脚を外旋し、右膝を胸のほうに持ち上げ、膝がほぼ直角になるように曲げます。足をポイントにします。

3. 足をポイントにしたまま、右脚を伸ばします。

4. 足を屈曲し、かかとまで伸ばします。腹筋をしっかり使います。息を吐きながら、伸ばした脚を床のほうに下ろします。下背部がアーチしない程度にとどめます。

ターゲットにする筋

- 脊柱の側屈筋と固定筋：内腹斜筋、外腹斜筋、腰方形筋、脊柱起立筋（棘筋、最長筋、腸肋筋）、半棘筋、脊柱背面の深層筋群、腹直筋、腹横筋
- 股関節の外転筋：中殿筋、小殿筋、大腿筋膜張筋、縫工筋
- 股関節の屈曲筋：腸腰筋、大腿直筋
- 股関節の伸筋：大殿筋、ハムストリングス

5. 足をポイントにし、息を吸いながら、ステップ2のように膝を胸のほうに持ち上げます。ステップ2-5を各脚で5回ずつ繰り返してから、次の側臥位のデベロッペに進みます。

側臥位のデベロッペ

1. 側臥位のポジションで右側を下にして横になり、頭の下に小さくたたんだタオルを入れ、足をポイントにして両脚を伸ばします。

2. 左脚を外旋し、息を吸いながら膝を曲げ、左脚のつま先で右ふくらはぎに触れます。

3. 息を吐き、左足のかかとを右ふくらはぎに押しつけ、脚の外旋を強めます。息を吸い、左足をもう一度ポイントにします。

\>\>

4. 息を吸い、左膝を左肩のほうに持ち上げ、股関節と膝が直角になったところで止めます。

5. さらに息を吸いながら、足をポイントにして、左脚をできるだけ高く、まっすぐに持ち上げます。

6. 左足を屈曲し、かかとからストレッチします。息を吐いて、左脚を下ろし、左足を右足の上にのせ、ステップ1のように足をポイントにします。ステップ1-6を5回繰り返します。

後ろへのデベロッペ

1. 側臥位のデベロッペのステップ1-3（p.141を参照）を繰り返したあと、息を吸い、曲げた左脚の外旋を保ったまま、脚を体の後ろにもっていきます。

2. 足をポイントにしたまま、左脚を体の後ろで伸ばすと同時に、左腕を前に伸ばしてバランスをとります。股関節が後ろにロールしたり、肩が前にロールしたりしないようにします。息を吸い、足を屈曲してから、右ふくらはぎの上に下ろし、腕を体側に戻します。5回繰り返します。

前へのデベロッペ

1. 側臥位のデベロッペのステップ1-3（p.141を参照）を繰り返したあと、息を吸い、曲げた左脚の外旋を保ったまま、足をポイントにして、脚を体の前にもっていきます。

2. 上側の脚を伸ばします。股関節が前にロールしない範囲で、できるだけかかとからストレッチします。息を吸い、足を屈曲し、p.141のステップ1の最初のポジションに戻ります。5回繰り返します。エクササイズを終えたら、反対側を下にして横になり、側臥位のデベロッペ、後ろへのデベロッペ、前へのデベロッペを繰り返します。

ストレッチ
Stretches

ストレッチが筋にとって重要である理由や、ストレッチをすべき時についてのアドバイスは、p.33を参照してください。
ある筋群をワークしたあと、あるいはセッションの最後に行うストレッチは、絶対に省いてはいけません。
各ストレッチは約30秒間ホールドするか、必要と感じられるだけ続けます。
関節や脊椎に問題がある人は、以下のストレッチをする前に専門家に相談してください。

首のストレッチ

1. 椅子かスツールに背筋を伸ばして座り、腕を体の脇に垂らします。殿筋を軽く引き締めてから、頭をできるだけ左肩に傾けます。規則正しく呼吸しながら、何秒かホールドします。右側でも繰り返します。

　ストレッチを強めたいときは、左手のひらを頭の右側にあて、頭を左肩のほうにやさしく引きます。規則正しく呼吸しながら、何秒かホールドします。右手のひらを頭の左側にあてて繰り返します。

2. 肩を動かさずに、ゆっくりと頭を右に回します。右手を頭頂部にあて、やさしく引きます。規則正しく呼吸しながら、30秒間ホールドします。左側でも繰り返します。

3. 体幹をまっすぐに保ちながら、頭を前に向け、下に曲げます。頭頂部にどちらかの手をあて、ストレッチを深めます。規則正しく呼吸しながら、30秒間ホールドします。

4. 軽く歯を食いしばり、頭を後ろに傾けます。規則正しく呼吸しながら、30秒間ホールドします。

肩の前面と胸のストレッチ

椅子かスツールにまたがり、背中で手を組みます。腰椎がアーチを描かないようにして、両手をできるだけ高く持ち上げます。規則正しく呼吸しながら、20秒間ホールドします。背中で手を組むのがむずかしい場合は、タオルかスカーフをつかみます。

バリエーション

戸口に立ち、左肩がドア枠の隣にくるようにし、右足を足1つ分左足の前に出します。左腕を直角に曲げ、肩の高さに持ち上げます。右手をウェストにあてます。左肩をドアと並ぶ壁に押しつけ、もたれます。規則正しく呼吸しながら、30秒間ホールドし、右肩でも繰り返します。

肩の背面のストレッチ

椅子かスツールに背筋を伸ばして座り、右腕を曲げ、肩の高さで胸の反対側にもっていきます。左手で右肘をやさしく引くと、右肩にストレッチを感じます。規則正しく呼吸しながら、30秒間ホールドします。それから腕を換えて、左肩をストレッチします。

バリエーション

戸口の脇に立ち、片足をもう一方の足より少し前に出します。右手をウェストにあてます。左腕を軽く曲げて、肩の高さで伸ばし、ドアに並ぶ壁に押しつけます。上部体幹を右側にやさしくツイストし、頭を右に回し、上胸部の左側にストレッチを感じます。規則正しく呼吸しながら、30秒間ホールドします。それから右腕で右上胸部をストレッチします。

上腕三頭筋

椅子かスツールに背筋を伸ばして座り、足をしっかり床につけ、右腕を頭の後ろに曲げます。右肘を左手でつかみ、頭の後ろからやさしく左に引き、右上腕三頭筋にストレッチを感じます。規則正しく呼吸しながら、30秒間ホールドします。反対側でも繰り返します。

手首の屈筋のストレッチ

椅子かスツールに背筋を伸ばして座り、足をしっかり床につけます。右腕を肩の高さで正面で伸ばし、手首を曲げ、手のひらを外側に向け、指を上のほうに向けます。左手を使って右手をつかみ、手の甲を引きながら、右手のひらを遠くに押します。規則正しく呼吸しながら、30秒間ホールドします。反対側でも繰り返します。

ウェストのストレッチ

椅子かスツールにまたがり、脚を直角に曲げ、足を床につけます。両腕を頭上に上げ、指を組み、手のひらを上に向けます。

左右の股関節を水平に保ち、スツールにしっかりとつけ、股関節が揺れないようにします。体をできるだけ右に曲げ、30秒間ホールドします。体をまっすぐに伸ばし、左側でも繰り返します。

ウェストと下背部のストレッチ

椅子かスツールにまたがり、脚を直角に曲げ、足を床につけます。左手首の後ろ側を右膝の外側に置き、ウェストから回旋して右手を体の後ろに置けるようにします。頭を回して後ろを見ます。規則正しく呼吸しながら、20秒間ホールドします。反対側でも繰り返します。

回旋筋のストレッチ

レイズド・ヒップ・ロール（p.111を参照）と似ています。半仰向けのポジションで横になり、頭の下に小さなブロックを置き、両腕を体の脇に伸ばします。両脚を持ち上げて、膝が直角に曲がり、股関節の真上にくるようにします。頭を右側に向け、両脚を左側に倒し、やさしく床に下ろします。20秒間ホールドし、反対側でも繰り返します。

背筋と腹筋のストレッチ

コブラ（p.78-79を参照）と似ていますが、背筋は働かせません。うつぶせになり、両腕を曲げて、肩の下で手のひらを床につけます。両手を床に押しつけて腕を伸ばし、上部体幹を起こします。上部体幹と腕を直角にすることが目的です。規則正しく呼吸しながら、30秒間ホールドします。

バリエーション

バランスボールの上で仰向けになり、膝を曲げて足をしっかり床につけます。両腕を頭上に伸ばしてストレッチします。お尻をゆっくり床に下ろしながら、両腕を胴体から離してストレッチします。規則正しく呼吸しながら、30秒間ホールドします。

< 腰筋のストレッチ

左足を階段かブロックの上にのせ、左膝を直角に曲げます。両手を左膝に置きます。体幹をまっすぐに保ったまま、右膝を曲げて体を床のほうに下ろし、右かかとを床から上げます。規則正しく呼吸しながら、30秒間ホールドします。反対側でも繰り返します。

座位の広背筋のストレッチ >

椅子かスツールに座り、両腕を天井に伸ばしてストレッチします。指をからめて手を返し、手のひらを天井に向けます。上に押し上げます。規則正しく呼吸しながら、30秒間ホールドします。

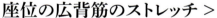

下背部のストレッチ

バランスボールの上に座り、足をしっかり床につけます。両手をインストラクターに持ってもらうか、正面にある重い家具につかまります。ボールの上で後ろにロールし、下背部にストレッチを感じます。足は床から離れます。30秒間ホールドします。

座位の股関節のストレッチ

ベンチに座り、右足のかかとを左のお尻の下にしまいます。左脚を曲げて、左足をしっかり床につけます。前腕を交差して、左手で右足のつま先に触れ、右肘を左膝のやや後ろに置きます。手と体を一直線に保ったまま体を前に傾けると、右股関節にストレッチを感じます。20-30秒間ホールドしてから、左足のかかとを右のお尻の下にしまい、これを繰り返します。

股関節、お尻、腰筋のストレッチ

床に座り、右膝を曲げ、左脚を体幹と同じ線上で後ろに伸ばします。体を前に傾けて、曲げた前腕の上で休みます。ゆっくり、規則正しく呼吸しながら、このポジションを約30秒ホールドします。反対側でも繰り返します。

片側の大腿四頭筋のストレッチ

仰向けに横になり、両脚を伸ばし、手のひらを下に向けて両腕を体側から少し離します。背中がアーチを描かないようにしながら、右脚を曲げて左側にもっていきます。左手を使って、右脚を引きます。規則正しく呼吸しながら、30秒間ホールドし、反対側でも繰り返します。これはp.112-113のシングル・レッグ・ヒップ・ロールと似ていますが、手で引くことでストレッチを深めます。

両側の大腿四頭筋のストレッチ

床に膝をつき、手のひらを下にし、指を遠くに向けて、体の後ろの床に手をつきます。殿筋を引き締め、規則正しく呼吸しながら、ストレッチを30秒間ホールドします。

　ストレッチを深めたいときは、両肘を曲げて前腕を体の後ろの床につけ、肘を肩の真下にもっていきます。殿筋を強く引き締めて、大腿四頭筋をストレッチします。規則正しく呼吸しながら、30秒間ホールドします。

座位の内転筋のストレッチ

床に座り、両膝を外側に曲げ、左右の足裏を合わせて押しつけます。体を前に傾け、手で足をつかんだまま、規則正しく呼吸しながら、30秒間ホールドします。

　ストレッチを深めたいときは、同じポジションで始めますが、背中をまっすぐに保ち、指を内側に向けて、両手で膝を下に押します。規則正しく呼吸しながら、30秒間ホールドします。

座位のお尻のストレッチ

床に座り、左脚を体の正面で伸ばし、右脚を曲げます。ウェストから回旋し、右手を体の後ろの床につきます。右足を持ち上げて、左太腿の外側に置きます。左腕を右膝の外側に置き、指の背で左ふくらはぎに触れます。規則正しく呼吸しながら、30秒間ホールドします。反対側でも繰り返します。

立位のハムストリングスと内転筋のストレッチ

床に立ち、左足のかかとを椅子かスツールにのせ、両脚をまっすぐ伸ばします。股関節を水平にし、右膝を曲げてハムストリングスと内転筋をストレッチします。規則正しく呼吸しながら、30秒間ホールドします。もう一方の脚でも繰り返します。

ふくらはぎのストレッチ

右足の指の下にブロックを置き、かかとを床につけます。左足を1歩後ろに引き、体幹をまっすぐ保ちます。殿筋と腹筋を使って背中を固定し、右膝をさらに曲げて左足のかかとを床から離します。規則正しく呼吸しながら、30秒間ホールドします。反対側でも繰り返します。

注：
この項のエクササイズはすべて上級者向けです。プレピラーティス・エクササイズ（p.54-p.149を参照）をすべて練習し終えてから、挑戦しましょう。背部や関節が弱い人や、妊娠中の人、健康面で慢性的な不調がある人は、専門家に相談をした上で、「34」のエクササイズに進んでください。

オリジナルの34のエクササイズ

ジョゼフ・ピラーティスは、流れるようなシーケンスで行うことを
目的として、34のマットワーク・エクササイズを考案しました。
けれども、私はそのような使い方をしていません。
個々のエクササイズ、あるいは2-3のグループを、
ほかの動きも含めたワークアウトの一部に取り入れています。
この項では、オリジナルの34のいくつかを修正し、
21世紀を生きる私たちの体に合うようにしています。

1. ハンドレッド 152
2. ロールアップ 154
3. ネック・プル 156
4. スパイン・ツイスト 158
5. ソウ 160
6. ロールオーバー 162
7. ローリング・ライク・ア・ボール .. 164
8. オープンレッグ・ロッカー 166
9. ティーザー 168
10. レッグ・サークル 170
11. シングル・レッグ・ストレッチ 172
12. ダブル・レッグ・ストレッチ 176
13. スパイン・ストレッチ・
    フォワード 178
14. コークスクリュー 180
15. スイミング 182
16. 修正版スワン・ダイブ 184
17. シングル・レッグ・キック 186
18. ダブル・レッグ・キック 188
19. シザーズ 190
20. バイシクル 192
21. ショルダー・ブリッジ 194
22. ジャックナイフ 196
23. サイド・キック 198
24. 腕を伸ばしたヒップ・ツイスト ... 200
25. レッグ・プル・フロント 202
26. レッグ・プル・バック 204
27. ニーリング・サイド・キック 206
28. サイド・ベンド 208
29. ブーメラン 210
30. シール 212
31. コントロール・バランス 214
32. プッシュアップ 216
33. クラブ 218
34. ロッキング 219

1. ハンドレッド
The hundred

これはジョゼフ・ピラーティスのエクササイズの中で最も有名なものの1つです。私は、呼吸パターンの効率を上げたり、股関節で体が引っ張られないように脚を支えたりするなど、何年もかけて修正版を紹介してきました。

ジョゼフ・ピラーティス版のハンドレッドのように頭を前に持ち上げると、楽な呼吸を維持できないかもしれません。ほとんどの人は息が詰まり、呼吸パターンにしたがうのに苦労します。私はチェスト・リフト(p.81を参照)と同じように、前にカールするときに息を吐き、後ろに戻るときに息を吸うよう勧めています。こうすれば、呼吸が動きの邪魔をせず、逆に動きを支えてくれるからです。

私はまた、股関節と膝で脚を直角に曲げるポジションで始め、内太腿と膝と足をそろえるよう勧めています。こうすれば脚の重みで股関節が引っ張られないからです。筋力が十分についたと感じたら、脚を伸ばしてエクササイズをしてみてください。ピラーティス版では脚を平行にしますが、私は脚をやや外旋するよう勧めています。ハムストリングス、殿筋、内転筋で脚を支えられるからです。

オリジナルで求められる100回のポンプ運動は、長時間、腹筋を使わせることだけが目的です。けれども、この動きは腹筋をほとんど動かさないで使っていると思うので、回数を減らしてかまいません。下背部がアーチを描いたり、首が緊張したりしないよう注意してください。そうなったときは最初のポジションまで脚を下ろし、腹筋をもう一度使ってから続けましょう。

ターゲットにする筋

- 脊柱の屈曲筋:腹直筋、内腹斜筋、外腹斜筋
- 股関節の屈曲筋:腸腰筋、大腿直筋、縫工筋、大腿筋膜張筋、恥骨筋

1. 仰向けに横になり、股関節の上で膝を直角に曲げます。内太腿を引き寄せ、両膝と両足が触れるように脚をホールドします。両腕を肩の上でまっすぐ上げ、手のひらを足のほうに向けます。

1. ハンドレッド 153

2. 息を吐いて、腹筋を使い、頭と肩を床から持ち上げて、前にカールします。体の脇で腕を腰骨の高さまで下ろします。手のひらを下に向けます。

3. 両脚を伸ばし、床に対して約60度の角度にし、足を屈曲し、やや外旋します。5カウントで息を吸い、5カウントで息を吐きながら、腕を床のほうに小刻みに下ろします。息を吐くたびに、腹筋を下に引きます。10回繰り返し、合計で100回、腕を小刻みに動かします。息を吸って、床のほうに腕を下ろします。

2. ロールアップ
The roll-up

ロールアップは、腹筋を使い、ハムストリングスをストレッチし、なめらかでコントロールされたロールの動きを習得するのに、とても効果的なエクササイズです。

　上のほうにロールするときは、肩甲骨を胸郭に沿って滑り下ろし、上体をバランスボールに沿ってカールしているところを想像し、均等なカーブを作ってください。へそを脊椎に引き下ろすときに、背中が平らになってはいけません。かかとはしっかりと床につけておきます。脚のほうまで前に体を傾けるときは、股関節の伸筋と脊椎の伸筋で動きをコントロールします。つま先まで手を伸ばすとき、頭を両腕の間に残すこと。また、腕を長くして、肩が耳のほうに上がらないようにします。

　ロールバックするときは、最初は股関節の屈曲筋で動きをコントロールし、次に腹筋を使います。肩の屈曲筋は、腕を上げ、頭上までもっていくときに使います。

　このエクササイズには修正版がいくつかあり、私はクライアントのニーズに応じてそれらを取り入れます。脊椎がとても硬い人には、ロールアップではなくリバース・カール（p.83を参照）を練習してもらいます。脚を伸ばさずに曲げたほうがカールダウンしやすいからです。背中に問題がある人には、このエクササイズのロールダウンのパートだけを行い、それから両手を使って体を起こしてもらいます。頭を持ち上げるのがむずかしい人には、背中にクッションをあてます。エクササイズ中、短い棒を手に持つと集中しやすいときもあります。かかとが上がってしまうときは、だれかに押さえてもらいましょう。スタジオでは、ストラップに足を入れて、かかとを押さえます。

> **ターゲットにする筋**
>
> ● 脊柱の屈曲筋：腹直筋、内腹斜筋、外腹斜筋

1. 仰向けに横になり、脚を床の上にまっすぐ伸ばし、足を軽くポイントにします。手のひらを上に向け、腕を肩幅に開いて、頭の上までストレッチします。

2. 息を吐いて、腹筋を使い、腕を持ち上げて体幹の上にもっていき、頭と肩を持ち上げて床から離し、同時に足を屈曲します。

3. 指先で主導しながら、上体をカールしつづけ、太腿に覆いかぶさるようにします。体が柔らかい人は、手のひらで足の外側に触れます。

4. 息を吸い、ロールバックして、尾骨の後ろを床につけます。次に、息を吐きながら、床までゆっくりロールダウンし、両腕を頭上に上げて最初のポジションに戻ります。10回繰り返します。

3. ネック・プル
The neck pull

これはロールアップと似ていますが、両手を頭の後ろにあてるので、少し難易度が高くなります。この手のポジションにより、ロールアップするときの抵抗が強まり、腹筋を強く働かせることになるほか、ロールダウンするときにハムストリングスと脊椎の伸筋のストレッチが強まります。

ネック・プルというのは、よい名前ではありません。当然ですが、首を引っ張ってはいけないからです。動きの大半は腹筋が作り出すものであり、両手で頭を前に引っ張ってはいけません。このエクササイズを正しく行えば、胸椎の硬さをゆるめることになりますが、正しくできなければさらに硬くすることになります！

カールアップを始めるときは、腹筋で胸郭下部を下後方に引くと考えます。肘は両脇に広げたままにし、動きを主導しません。上体を持ち上げるときはへそを真後ろに引き、前にストレッチするときに股関節を床につけたままにします。しかし、肩をすくめないこと。このエクササイズは、両脚を離す、足を屈曲する、足を軽くポイントにするなど、脚と足のポジションをいろいろ変えてやってみてください。足のポジションを保つのがむずかしいときは、だれかに足を押さえてもらうとよいでしょう。スタジオでは、ストラップをつけたマットテーブルを用意しています。

1. 仰向けに横になり、両手を頭の後ろで組み、脚をまっすぐ伸ばします。足を屈曲し、かかとをしっかり床に固定します。背部を平らにし、骨盤をニュートラルにします。腹筋を使います。

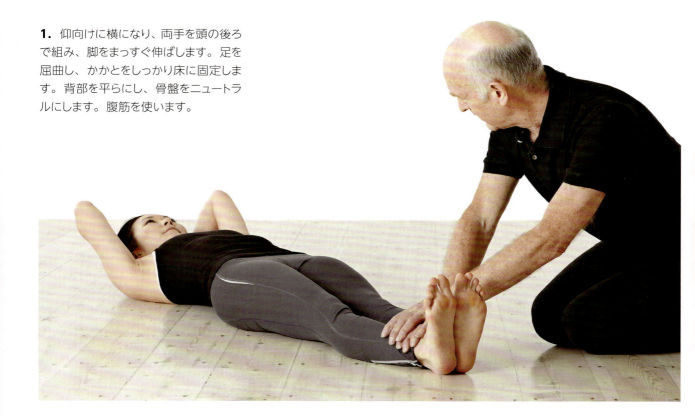

3. ネック・プル 157

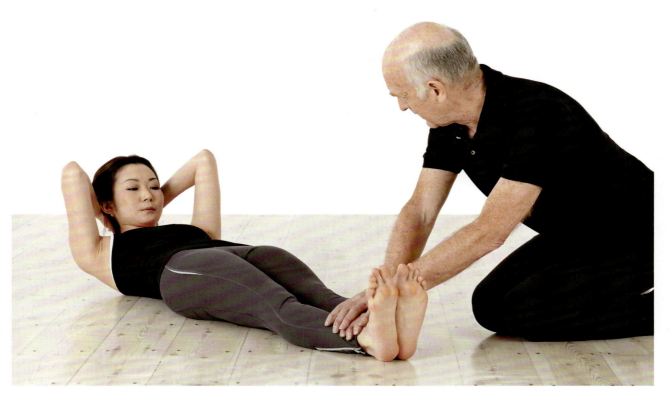

2. 息を吸い、上体を上前方にロールしはじめます。

3. 上体が垂直のポジションになったら、息を吐きながら、脊椎をカーブさせたままカールダウンします。10回繰り返します。

ターゲットにする筋

- 脊柱の屈曲筋：腹直筋、内腹斜筋、外腹斜筋

4. スパイン・ツイスト
The spine twist

ジョゼフ・ピラーティスが「34」をアレンジしたときの順番では、スパイン・ツイストはここに入りません。しかし、一連のエクササイズを1つのシーケンスとして行うなら、スパイン・ツイストはネック・プルの後、かつソウの前に入れるのが自然です。どのエクササイズも座位で行うからです。

洗ったお皿を洗いかごに入れるために横に手を伸ばすときや、ゴルフのスイングを完成させるときなど、日常の活動において、脊柱がやわらかく回旋することはとても重要です。肩からツイストをすると、中下背部が引っ張られ、けがにつながります。重い物を持ち上げたり運んだりしているときはとくにです。このエクササイズは、脊柱を回旋するときに肩ではなくコア筋を使う訓練になります。

最初のポジションでは、脊柱を頭頂部まで長くすることに集中します。ターンするときは、ねじが回ってねじ穴から持ち上がるときのように、脊柱が長くなるところを想像します。骨盤を床に固定し、膝を床に押しつけましょう。

このエクササイズでは、主に肩の外転筋を使って腕を外に伸ばした状態を保ちますが、肩甲骨を軽く引き寄せて、広背筋も使いましょう。ターンするときは、頭と胸骨を一直線に保ちます。頭が先に行ったり、後に残ったりしないようにします。

ターゲットにする筋

- 脊柱の回旋筋：内腹斜筋、外腹斜筋、脊柱起立筋（最長筋、腸肋筋）、半棘筋、脊柱背面の深層筋群（とくに多裂筋）

1. 床に座り、脚をまっすぐに伸ばし、膝と足をそろえて、足を屈曲します。腹筋を使い、背中を完璧にまっすぐにし、かかとまでストレッチを感じます。

2. 息を吸い、両腕を肩の高さで外側に上げ、手のひらを下にして、床と平行にします。

3. 息を吐いて、骨盤を固定し、脊柱を長くしたまま、片側にターンします。腕のラインを直線に保ちます。各方向に10回ずつ繰り返します。息を吐いてターンし、息を吸ってセンターに戻ります。

160　オリジナルの34のエクササイズ

5. ソウ
The saw

私はこのエクササイズが好きで、たくさん行います。成功の秘訣は、股関節を錨のように床に固定し、そこから体を持ち上げ、コア筋を使って体幹を回旋してからストレッチをすることです。このエクササイズは、脊椎のアーティキュレーションやリーチを鍛えるのに適しています。

ソウは、ターンやストレッチをするときに腹斜筋と腹横筋を使うため、ウェストの引き締めに役立つエクササイズの1つです。けれども注意点がいくつかあります。よくある誤りは、とくにステップ3で、頭で動きを主導することです。つねに首を長く保ち、ターンする方向に視線を向けます。ステップ1-2では、脊椎の自然なカーブを保ちます。ツイストしすぎてはいけません。上体と両腕の自然なアライメントを維持しましょう。

片側にストレッチをすると、反対側の股関節が浮き上がりそうになるので、しっかりと押し下げて骨盤を水平に保ちましょう。お尻の両側が床にのり付けされていると想像するのです！　こうすればハムストリングスを気持ちよくストレッチできます。膝頭をつねに天井に向け、足首で足を軽く屈曲します。

呼吸パターンは、息を吸いながら体幹を回旋して手を反対の足に伸ばし、息を吐きながら「のこぎり（saw）」のようにさらに前に手を伸ばし、体幹を最初のポジションに戻します。それから息を吸いながら反対側に回旋します。なめらかで流れるような動きを保ちます。

後ろ側の手を体の後ろの床につくと、さらにストレッチが深まります。まずは試してみてください。

1. 体幹を垂直に立てて座り、両脚をまっすぐ伸ばし、足を肩幅よりやや広くして屈曲します。両腕を肩の高さで外側に上げ、手のひらを下にして、少し後方に伸ばします。

ターゲットにする筋

- 脊柱の回旋筋：内腹斜筋、外腹斜筋、腹横筋、脊柱起立筋（最長筋、腸肋筋）、半棘筋、脊柱背面の深層筋群
- 脊柱の伸筋：脊柱起立筋（棘筋、最長筋、腸肋筋）、半棘筋、脊柱背面の深層筋群

2. 息を吸い、股関節から持ち上げるように右に回旋しますが、背中はまっすぐ、しかしやわらかく保ちます。

3. 頭と上部脊椎を前下方にもっていき、左手を右足の外側に伸ばしながら、右腕を内旋し、後ろに伸ばします。右手の指先を、右股関節の後ろの床に置きます。最初のポジションに戻り、左側でも繰り返します。各側で5回ずつ繰り返します。

6. ロールオーバー
The roll-over

このエクササイズをするときは、急いではいけません。
一定のリズムを保ち、全身で流れるような動きを生み出すのです。
ロールオーバーは、胃と脊椎のストレッチに最適です。

ジョゼフ・ピラーティスは、両脚を床につけてこのエクササイズを始めましたが、このポジションから脚を持ち上げると、背中を急に引っ張って痛める可能性があります。そこで私は、仰向けに横になり、股関節上で両膝を曲げてから脚を伸ばし、床に対して45-60度の角度を作っておき、これを最初のポジションとするよう勧めています。

オリジナル・エクササイズの修正版としては、両脚を外旋してロールオーバーしてはずみをつけ、次に内旋して平行にしてから元に戻す方法があります。

骨盤周辺の筋を使ってロールオーバーを主導すると、下部脊椎のアーティキュレーションの補助になります。腹筋を使って安定性を保ち、下背部がアーチを描かないようにすると同時に、股関節の屈曲筋で脚を保持し、垂直の位置まで動かします。腕を床に押しつけます。頭の後ろまで脚を下ろすときに、中上背部が沈みすぎないようにします。このポジションのときに背中に不快感があったら、エクササイズを中止します。あなたに適していないかもしれません。最初のポジションに戻るときは、脚を胸の近くに引き寄せ、できるだけ長く下背部のカールを保つようにしましょう。

1. 仰向けに横になり、両脚を伸ばして上げ、床に対して45-60度の角度を作ります。足を軽くポイントにし、腕を体の脇に置きます。息を吸います。

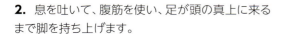

2. 息を吐いて、腹筋を使い、足が頭の真上に来るまで脚を持ち上げます。

6. ロールオーバー　163

3. 息を吸い、頭の上の床にゆっくりと脚を下ろします。体が柔らかい人はつま先で床に触れ、体重を肩と腕にのせます。手のひらで床を押します。

4. かかとが向き合うよう脚を回旋します。両脚を離して肩幅に開き、平行にします。

5. 息を吐いて、ゆっくりロールバックします。最初のポジションに戻ったら、脚をそろえます。10回繰り返します。

ターゲットにする筋

- 脊柱の屈曲筋：腹直筋、内腹斜筋、外腹斜筋
- 股関節の屈曲筋：腸腰筋、大腿直筋、縫工筋、大腿筋膜張筋、恥骨筋

7. ローリング・ライク・ア・ボール
Rolling like a ball

このエクササイズは楽しくて元気になるうえ、脊椎を動かし、動きを協調させる方法を学ぶのに役立ちます。自分は前後になめらかに揺れるバランスボールの中にいるのだと想像してください。

このエクササイズの目的は、尾骨から頭頂部まで脊椎を均等にカーブさせ、ロールするときもそれを維持することです。ステップ1では、膝をできるだけ胸の近くに引き寄せ、頭をできるだけ膝に近づけます。腹筋を真後ろに引いてロールを始め、勢いをコントロールしてみてください。首までロールせず、肩甲骨の上端で止まります。肩が上がっていないか確認しましょう。

逆の動きをするときは、太腿を少し胸から引き離し、肩を使って足を引き下ろしてください。とはいえ、この変化はとてもわずかにします。このエクササイズは股関節、膝、肘の角度をほぼ一定に保つことを目標にしているからです。

ターゲットにする筋

- 脊柱の屈曲筋と前面の固定筋：腹直筋、内腹斜筋、外腹斜筋、腹横筋

1. 床に座り、膝を曲げ、脚をそろえて、両手を足首の前面に置き、肘を広げます。腹筋を使いながら足を床から持ち上げて、尾骨でバランスをとります。

7. ローリング・ライク・ア・ボール　165

> **警告**
> 硬い床の上で行わないでください。また、脊椎がかなりごつごつしている人や、脊椎が平らな部位がある人も、やめてください。肩甲骨の真上にきたところでロールをやめ、首に負荷をかけないようにします。

2. 息を吸い、後ろにロールして肩甲骨の上にのります。息を吐きながら前にロールして戻ります。足は床につけません。勢いを保ったまま10回繰り返します。

> **バリエーション**
>
>
>
> 最初のポジションまでロールして戻るのがむずかしい人は、股関節か下背部が硬いのかもしれません。その場合は、両手を太腿の膝のすぐ下にあててロールしてみましょう。
>
> 両手を足首の前面に置く方法を簡単にできる人は、両腕で脚下部のやや上方を抱え込み、さらに小さなボールの形を作ります。

8. オープンレッグ・ロッカー
The open-leg rocker

ローリング・ライク・ア・ボール(p.164-165を参照)、オープンレッグ・ロッカー、そしてティーザー(p.168-169を参照)を続けて行うのがお勧めです。最初のポジションと最後のポジションが互いに流れるようにつながっていながら、それぞれ少しずつ異なる筋を働かせるからです。

オープンレッグ・ロッカーは、「34」のなかでも完成させるのがむずかしいエクササイズの1つです。しかし、挑戦しているときにどこかを痛めることはないので、私はクライアントにやってみてもらうのが好きです。最初はあまりうまくできないかもしれませんが、練習すればうまくなり、それが自信にもつながります。このエクササイズではバランスと協調を鍛え、コア筋、ハムストリングス、内転筋を使います。

ステップ1では、腹筋を収縮させて骨盤を少し後傾させます。こうすると、ステップ2で脚をまっすぐ伸ばすときに、下背部がアーチしません。ロールバックするときは、肘を広げ、広背筋を使って肩が耳のほうに上がるのを防ぎます。ステップ3では、首までロールしません。股関節の伸筋を使って脚を胸から離すことで、ロックする動きを止めて、逆にします。

腹筋を使って胸郭の前面を引き下げ、前にロールします。脚を長くし、両脚のV字の角度をつねに一定に保ちます。

ハムストリングスが硬すぎてこのエクササイズがむずかしいときは、足首ではなくふくらはぎをつかみます。それでもむずかしいときは、膝を少し曲げてエクササイズをし、体の柔軟性が高まってから脚を伸ばしてみましょう。

> **警告**
> 硬い床の上で行わないでください。また、脊椎がかなりごつごつしている人や、脊椎が平らな部位がある人も、やめてください。肩甲骨の真上にきたところでロールをやめ、首に負荷をかけないようにします。

1. 床に座り、両膝を曲げて肩幅に離し、足首を手でつかみます。腹筋を使って足を床から持ち上げ、つま先をポイントにし、尾骨でバランスをとります。

> **ターゲットにする筋**
> - 脊柱の屈曲筋と前面の固定筋：
>   腹直筋、内腹斜筋、外腹斜筋、腹横筋
> - 股関節の屈曲筋：腸腰筋、大腿直筋、縫工筋、大腿筋膜張筋、恥骨筋

8. オープンレッグ・ロッカー

2. 息を吐きながら、ふくらはぎの足首の近くをつかんだまま、両脚を伸ばして上げてV字のポジションになります。

3. V字のポジションを保ったまま、息を吸って肩甲骨下端までロールバックします。息を吐きながら、前にロールします。前後にロックする動きを10回繰り返します。

9. ティーザー
The teaser

これはバランス、筋力、協調を鍛える重要なエクササイズです。
ジョゼフ・ピラーティス版から変更した点は、
脚をやや外旋して、内転筋を使うようにしたことだけです。

床から約60度脚を上げる方法がお勧めですが、いろいろ試して自分がいちばん楽にバランスを保てる角度を見つけましょう。ハムストリングスの柔軟性に比して脚を上げすぎると上体が後ろに倒れるし、体を高く上げすぎると脚が落ちます。背中に問題がある人は、このエクササイズは試さないでください。腹筋を使って骨盤を完全に固定できないと、脚の重みで下背部が引っ張られるからです。膝を少し外旋させて、つねに互いにつけておきます。

ティーザーのバリエーションはたくさんあります。ステップ2でV字を作ることができたら、上体を完全に静止したまま、脚を床に下ろし、腹筋と殿筋と内太腿で動きをコントロールしてみましょう。息を吸いながら脚を下ろし、息を吐きながら脚を上げてV字に戻します。別のバリエーションでは、脚と上体を床のほうに下ろしてから、同時に持ち上げて元に戻します。両手を頭上に上げ、上部脊椎をまっすぐにし、V字を長くします。とはいえ、これらのバリエーションはもともと難易度の高いエクササイズをさらに発展させているので、基本のティーザーを習得して自信がつくまでは、挑戦しないでください。

1. 仰向けに横になり、脚を床に対して垂直に伸ばし、つま先をポイントにして天井に向けます。手の指先をポイントにし、腕を頭の後ろの床の上で伸ばします。

2. 息を吐いて、腹筋を使い、脚を下ろして床に対して60度の角度を作ります。息を吸い、両腕を上げてから、上体を床から持ち上げて、腕と脚を平行にします。尾骨でバランスをとりながら、V字のポジションを保ちます。脚をゆっくり床に下ろし、椎骨1つ分ずつ床にロールバックします。5回繰り返します。

ターゲットにする筋

- 脊柱の屈曲筋と前面の固定筋：腹直筋、内腹斜筋、外腹斜筋
- 股関節の屈曲筋：腸腰筋、大腿直筋、縫工筋、大腿筋膜張筋、恥骨筋

10. レッグ・サークル
The leg circle

このエクササイズの鍵を握るのは、股関節を絶対に動かさないようにしながら、脚が上からひもで吊られ、人形使いに上から操られているかのように、脚で円を描くことです。スモール・レッグ・サークル(p.86-87を参照)の発展形です。

このエクササイズはだれが試してもかまいませんが、骨盤の安定を維持できない人は、床に置いた脚を曲げ、小さく回旋してから、徐々に円を大きくしていき、感覚をつかんでください。脚を低くしすぎると、動きをコントロールできなくなり、背中がアーチを描きます。そうなるまえにやめましょう。

ステップ1で脚を上げるとき、骨盤が過剰に前傾したり後傾したりしないよう、腹筋と脊椎の伸筋を使い、骨盤の前後で引っ張り上げると考えます。脚をセンターラインの向こう側に動かすときに股関節が床から離れ、脚を回すときにまた床に戻ります。左右になめらかにロールする動きだと考えましょう。

ステップ2では、股関節外転筋を使って脚を体の反対側にもっていき、股関節伸筋を使って円の下半分を描き、それから外転筋を使って足が床に落ちすぎないようにします。ステップ3では、股関節の屈曲筋で円の上半分を描き、外転筋を使って脚を体の脇にもっていきます。エクササイズの間中、なめらかで協調した動きを保ちましょう。

> **ターゲットにする筋**
> - 脊柱前面の回旋筋と固定筋:腹直筋、内腹斜筋、外腹斜筋、腹横筋
> - 脊柱背面の回旋筋と固定筋:脊柱起立筋(腸肋筋、最長筋、棘筋)、半棘筋、脊柱背面の深層筋群

1. 仰向けに横になり、両脚を伸ばし、腕を体の脇に置き、手のひらを下に向けます。右脚を上げ、股関節の上で膝を曲げて直角にします。

10. レッグ・サークル　171

2. 脚を天井に向けて上げ、体に対して直角にします。右足を軽くポイントにし、左足は屈曲します。

3. 腹筋を使い、右脚を左股関節まで伸ばしてから、下に向かって円を描きます。ぐるりと回して、垂直の位置に戻します。息を吐きながら、脚を自分から遠ざけ、息を吸いながら体に引き寄せます。円の頂点で少し休んでから、もう一度円を描きます。各脚で5回ずつ繰り返します。

11. シングル・レッグ・ストレッチ
Single leg stretch

このエクササイズは深部の腹筋を使って腰椎をサポートし、骨盤の安定性を維持します。
お腹が平らになるクラシック・ピラーティスの1つです。

　ジョゼフ・ピラーティスのオリジナル版では、最初のポジションで片膝を胸に引き入れますが、私のバージョンはそれとは違い、肋骨下部の真上で、両膝を肩幅に開きます。こうしたほうが体幹を高い位置までカールできるので、腹筋をもっと強化できるからです。脚を換えるときに上体が落ちないように上体の高さを保ち、脚を動かすときに骨盤と脊柱の安定性を維持するためには、腹筋をしっかり使わなければなりません。各脚を伸ばすときは、骨盤のポジションを保ち、下背部がアーチを描くほど脚を上げてはいけません。

　最初は、手の動きに多少は集中しなければなりません。外側の手を足首に、内側の手を膝に置くことを忘れないこと。すぐに、考えなくてもできるようになります。

　現代のピラーティス・スタジオでは、シングル・ストレート・レッグ・ストレッチというバリエーション（p.174-175を参照）が「34」の1つとして教えられていますが、これはジョゼフ・ピラーティスのシーケンスには含まれていません。このエクササイズは、ハムストリングスの伸展にとても効果的で、腹筋のコントロールも必要です。脚をつねにまっすぐに伸ばし、はさみのように開けたり閉じたりします。

ターゲットにする筋

- 脊柱の屈曲筋：腹直筋、内腹斜筋、外腹斜筋

1. 仰向けに横になり、骨盤の上で両膝を曲げます。
両手をふくらはぎに置き、肘を外側に開きます。上体を前にカールします。
息を吸い、胸が広がるのを感じます。

11. シングル・レッグ・ストレッチ 173

2. 息を吐きながら、腹筋を引き入れ、右手を左膝の内側に移動させて、右脚をまっすぐ伸ばします。左手を左足首まで滑り下ろします。右脚を床から約30度の位置にします。肩とほぼ同じ高さになるでしょう。

3. 息を吸いながら、右脚を曲げて、両手を最初のポジションに戻します。それから息を吐いて、へそをさらに床のほうに沈めてから、腕と脚を換えます。左手を右膝に置き、左脚をまっすぐ伸ばします。交互に脚を換えながら、10回繰り返します。脚を換えるときは、つねに息を吐くこと。

バリエーション（シングル・ストレート・レッグ・ストレッチ）

1. 仰向けに横になり、両膝を股関節の上で曲げます。両手をふくらはぎに置き、肘を外側に開きます。息を吐き、腹筋を使い、上体を床から持ち上げます。

2. 両脚をまっすぐ空中に伸ばし、両腕もそちらに伸ばします。

3. 右ふくらはぎのできるだけ足首に近い位置を、両手ではさみます。

11. シングル・レッグ・ストレッチ 175

ターゲットにする筋

- 脊柱の屈曲筋：腹直筋、内腹斜筋、外腹斜筋
- 股関節の屈曲筋：腸腰筋、大腿直筋、縫工筋、大腿筋膜張筋、恥骨筋

4. 左脚を下ろして体から離し、床かマットから5cmほど浮かせます。右脚を頭のほうへ2回パルスします。

5. 両脚をはさみのように動かして換え、左脚を頭のほうへもっていき、右脚を床のほうに下ろします。ステップ4-5を10回繰り返します。

12. ダブル・レッグ・ストレッチ
Double leg stretch

これはシングル・レッグ・ストレッチより上級の腹筋のエクササイズで、体幹のさらなる安定性が要求されます。下背部をしっかりとマットにつけ、骨盤をつねに固定しておきましょう。

このエクササイズのジョゼフ・ピラーティス版は、1、2、1、2と速いペースで進めます。私のバージョンでは、腕を動かす範囲をより広くして4カウントでエクササイズするほか（各ステップが1カウント）、もっとゆっくりしたなめらかなペースで行います。

腹筋はつねに使ったままですが、体を動かし、動きを繰り返すにつれ、腹筋をもっと使い、へそをもっと床のほうに引っ張らなければならなくなります。このつながりを失うと、へそが飛び出し、下背部がアーチを描き、骨盤が傾くでしょう。脚を床から約60度の角度でまっすぐ伸ばす方法をお勧めしますが、最も骨盤を安定させやすい角度を自分でも探してみてください。

上体と頭はつねに同じポジションで前にカーブさせておきます。目を足に向けて、上体と頭を動かさないようにすること。両腕を後ろに回すときは、水泳の背泳ぎのようにし、腕を胸の高さに保ちます。このエクササイズはゆっくりと行い、動きと呼吸の協調を覚え、なめらかな、流れるような動きを保ちます。必要であれば、腕と脚を別々に練習してから、合わせてみてください。

ターゲットにする筋

- 脊柱の屈曲筋：腹直筋、内腹斜筋、外腹斜筋
- 股関節の屈曲筋：腸腰筋、大腿直筋、縫工筋、大腿筋膜張筋、恥骨筋

1. 仰向けに横になり、両膝を胸の上で曲げ、手をふくらはぎに置いて軽く抱えます。腹筋を使い、上部体幹をカールして床から離します。

12. ダブル・レッグ・ストレッチ　177

2. 息を吸い、両脚を床から約60度の角度でまっすぐ伸ばすと同時に、両腕を伸ばして脚と平行にします。

3. 息を吐きながら、脚を少し外旋し、足を屈曲します。手のひらを回旋して外側に向けます。

4. 息を吸い、両腕を下から回して体の脇にもっていき、さらに後ろに伸ばして耳の脇につけます。両腕を足のほうに戻し、ステップ2のように脚と平行にします。息を吐いて、足をポイントにし、両膝を曲げて最初のポジションに戻します。流れるような動きで10回繰り返します。

13. スパイン・ストレッチ・フォワード
Spine stretch forward

私たちは毎日の生活の中で、胸椎は前に曲げています。しかしこのエクササイズは、腰椎も曲げて、腹筋をえぐってへこませる方法を教えてくれます。

　これは背中が硬いと感じるときに効果的なストレッチです。練習すればさらにストレッチを深め、頭を膝の辺りまで下げられるでしょうが、最初はできるところまででかまいません。

　ステップ2で前にロールしはじめるときは、胸郭の底部を下後方にすべらせると考えます。脊椎が重力で椎骨1つ分ずつ前に引っ張られるようすをイメージしますが、脊椎の伸筋でその動きをコントロールするのは自分です。腰に巻いたひもを後ろから引っ張られながら、腕と脚をまっすぐ伸ばすと考えます。骨盤は前傾させず、最も遠い地点に届いたときに初めて、少しだけ前傾させます。

　ロールアップして最初の姿勢に戻るときは、椎骨1つ分ずつ行います。このときも、腰に巻いた見えないひもを引っ張られるようすをイメージします。どの時点でも腹筋を前に出さず、後ろにしっかりとえぐっておきます。肩甲骨を引き下げ、両肘をまっすぐにします。

1. 背筋を伸ばして座り、両脚を腰幅に開いて、まっすぐ前に伸ばし、足を屈曲します。両腕を肩の高さで正面に上げ、手のひらを下に向けて、指を前に伸ばします。息を吸います。

2. 息を吐きながら、へそを脊柱のほうに引っ張り、上体を前にロールし、脊柱を足のほうにストレッチします。両腕は脚と平行に保ちます。肩を下げ、耳のほうに上がらないようにします。息を吸いながら、ロールアップしてもとの姿勢に戻ります。5回繰り返します。

ターゲットにする筋

- 脊柱の伸筋：脊柱起立筋（棘筋、最長筋、腸肋筋）、半棘筋、脊柱背面の深層筋群
- 脊柱の屈曲筋：腹直筋、内腹斜筋、外腹斜筋

14. コークスクリュー
The corkscrew

このエクササイズはロールオーバー (p.162-163を参照) に似ていますが、脇へのツイストが入るので、腹斜筋をしっかり鍛えることができます。
下背部が弱い人は、決してやらないでください。

　私のスタジオでこのエクササイズをするときは、後ろにある硬い物をつかんで体を安定させることがよくあります。少なくとも最初の何回かは、この方法を試してください。両腕を体の脇で広げてこのエクササイズをするときは、動きを補助するために手を床に押しつけ、つねに肩甲骨を下ろしておきます。

　両脚は、骨盤の正中線に対して正常なアライメントを保ちます。円をとても小さくし、腹筋を十分にコントロールすることで、下背部がアーチを描いたり、骨盤が前傾したりしないようにします。内太腿を引き寄せて股関節の内転筋を使い、足を軽くポイントにします。足で空中に円を描くようすをイメージします。

　このエクササイズには上級編が2つあります。十分に自信がついたら、ぜひ試してください。1つめのエクササイズでは、股関節を少しマットから持ち上げて、円を大きくします。2つめのエクササイズでは、両脚を頭上にスイングし、右股関節にロールダウンし、ぐるりと回って左側にもっていき、それから同じ動きを逆方向に繰り返します。体をコルク抜きのようにツイストするのです。基本バージョンを完璧にコントロールしてできるようになるまでは、上級編に挑戦しようと思わないでください。

> **ターゲットにする筋**
> - 脊柱の屈曲筋と前面の回旋筋：腹直筋、内腹斜筋、外腹斜筋
> - 股関節の屈曲筋：腸腰筋、大腿直筋、縫工筋、大腿筋膜張筋、恥骨筋

1. 仰向けに横になり、両脚を床から垂直に持ち上げ、体の脇で腕を外側に広げます。

14. コークスクリュー 181

2. 息を吐き、腹筋を使って、両脚をそろえたまま右に下ろします。息を吸い、両脚で円を描くように下から回してセンターに戻します。

3. 息を吐き、両脚を左に下ろし、ぐるりと回してもとに戻します。骨盤と脊椎はしっかり床に固定します。各方向に5回ずつ繰り返します。

15. スイミング
Swimming

プレピラーティスの章で修正版スイミング (p.73を参照) を紹介しましたが、このスイミングは、今にも飛び立つかのように素早く、連続して行わなければなりません。修正版スワン・ダイブ (p.184-185を参照) の前に行うと効果的です。

　ジョゼフ・ピラーティスがこのエクササイズをしている写真を見ると、彼は頭を後ろに傾けていますが、私はそうしません。頭を下にして首を長くし、首を痛めないようにしましょう。肩甲骨も引き下げて、あまり床から体を持ち上げないようにします。持ち上げるというより、長くすると考えるのです。

　同じように、ステップ2-3では、対角線の腕と脚を持ち上げるというよりは、伸ばします。自分では気づきにくいものですが、だれかの動きを修正するときは、腕と脚を同じ高さまで上げているかどうかをチェックしましょう。

　腕と脚を持ち上げるときは、ポジションを維持し、体幹の回旋を防ぐために、脊椎の伸筋が強く働くでしょう。上体と下体を同時に持ち上げるので、腹筋を強く引き締めておかないと、下背部が緊張するかもしれません。

1. うつぶせに横になり、両脚を腰幅に開いて、まっすぐ伸ばします。両腕を頭上に伸ばし、手のひらを下にします。つま先をポイントにします。

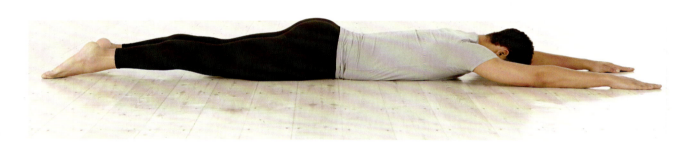

2. 腹筋を使い、頭と胸を持ち上げ、腕と脚を少しだけ床から持ち上げます。

3. 息を吸い、首を長くを保ちながら、右腕と左脚を床から同じ距離だけ持ち上げます。息を吐きながら、ステップ2のポジションに戻ります。

ターゲットにする筋

- 脊柱の伸筋と回旋筋：脊柱起立筋（棘筋、最長筋、腸肋筋）、半棘筋、脊柱背面の深層筋群
- 股関節の伸筋：大殿筋、ハムストリングス（半膜様筋、半腱様筋、大腿二頭筋）

4. 息を吸いながら左腕と右脚を持ち上げます。泳ぐときのように、素早く連続した動きで腕と脚を換えます。各側で10回繰り返します。

16. 修正版スワン・ダイブ
Mocified swan dive

スワン・ダイブのジョゼフ・ピラーティス版は、私から見れば扱いにくいものです。うつぶせの状態でロールすると腰骨が痛くなるし、アーチを描くときに首を痛める可能性もあるからです。私のバージョンはスワン・ダイブの前段階のようなものですが、それでも試すのは筋力がついてからにしてください。

体の片側だけを使いすぎると体がセンターからずれていくので、スワン・ダイブを試す前に気をつけましょう。この修正版はコブラ (p.78-79を参照) に似ています。気持ちよいと感じなければ、ステップ4はやらなくてかまいません。ピラーティスをして痛みを感じてはいけません。それでも試してみるときは、足首にロープが巻いてあり、前にロールするときはそのロープが脚を持ち上げるのだと考えます。ジョゼフ・ピラーティスのオリジナルの指示では、「体を硬くし」、「背中をロックする」とありますが、私のスタジオではこれらの言葉は絶対に使いません。このエクササイズのように背中を過伸展するには、脊椎の伸筋と腹筋を組み合わせて、うまくコントロールする必要があります。とはいえ、このエクササイズは万人向けではありません。背中に不調があった経験のある人は、決してやらないでください。「34」のエクササイズを全部試したいという完璧主義の人には、このバージョンが役立つでしょう。

1. うつぶせになり、肘を曲げ、手のひらを肩の前あたりで床につけます。太腿を引き寄せて、つま先をマットに押しつけます。

2. 上体を持ち上げてマットから離します。首を長く保ちます。

16. 修正版スワン・ダイブ　**185**

> **警 告**
> このエクササイズのロックする動きのときに、腰骨に不快感を覚えるかもしれません。ですからこのエクササイズは、固い床の上ではなく、エクササイズマットの上で行うほうがいいでしょう。

3. 息を吸い、腹筋を使い、両腕を空中に上げて耳の脇につけ、手のひらを下に向けます。

4. 息を吐き、胸骨の上にロックし、両脚をまっすぐに保ったまま持ち上げます。ロックしてステップ3のポジションに戻り、前後に5回ロックします。前に行くときは息を吐き、後ろに行くときは息を吸います。

ターゲットにする筋

- 脊柱の伸筋：脊柱起立筋（棘筋、最長筋、腸肋筋）、半棘筋、脊柱背面の深層筋群
- 股関節の伸筋：大殿筋、ハムストリングス（半膜様筋、半腱様筋、大腿二頭筋）

17. シングル・レッグ・キック
Single leg kick

プレピラーティスで紹介したハムストリング・カール（p.74-75を参照）は、このエクササイズのパーカッションの動きを減らし、動きをコントロールしたバージョンです。ジョゼフ・ピラーティス版では、筋力が足りないと腰椎と首を痛める可能性があるので、このエクササイズを試すときは気をつけてください。

すでにお気づきでしょうか、私はうつぶせのポジションは好きではありません。上体と脚を同時に持ち上げて、背中を過伸展するからです。胸が上がっているときは脚を下げ、脚が上がっているときは胸を下げておくほうが私は好きです。シングル・レッグ・キックをしているときに下背部に少しでも不快感があった場合は、額を手の上にのせましょう。

エクササイズ中は腹筋をしっかり使い、骨盤の前傾を防ぎます。膝関節ですべての運動を行い、そのほかの部位は動かさないと考えます。このエクササイズでは股関節の伸筋とハムストリングスを整え、強化するほか、大腿四頭筋をストレッチしますが、脚下部の動きに注目してください。

ターゲットにする筋

- 脊柱の伸筋：脊柱起立筋（棘筋、最長筋、腸肋筋）、半棘筋、脊柱背面の深層筋群
- 股関節の伸筋：大殿筋、ハムストリングス（半膜様筋、半腱様筋、大腿二頭筋）

1. うつぶせになり、前腕で体を支え、上体を床から持ち上げ、体の正面で手を組みます。お尻と内太腿を引き寄せ、足を軽くポイントにします。

2. 息を吸い、右膝を曲げて、かかとを右のお尻のほうにもっていきます。膝が直角に曲がったところで止めます。

3. 息を吐いて、右膝をまっすぐ伸ばしながら、左膝を曲げてかかとを上げ、膝を直角に曲げます。キックするたびに2回パルスするというリズムを作ります。肩を下ろし、お尻を引き締めたまま、10回繰り返します。

18. ダブル・レッグ・キック
Double leg kick

このエクササイズはプレピラーティスで紹介したアロー（p.76-77を参照）に似ているところがあります。また、シングル・レッグ・キックと同じ注意事項があてはまります（p.186-187を参照）。胸と脚を同時に上げたときに下背部に不快感があったら、エクササイズをやめましょう。

　ダブル・レッグ・キックは、腕で体を支えず、両脚を同時に上げるときに腹筋をより強く使わなければならないため、シングル・レッグ・キックよりきついエクササイズです。しかし、肩の屈曲筋が固く、肩が前に巻いて猫背になっている人には役立ちます。また、膝の伸筋をストレッチし、脊椎の伸筋を強化する効果もあります。

　シングル・レッグ・キックと同じように、脚を上げるときは腹筋を使って骨盤の前傾を防ぎます。膝はつねに床から離します。足首と足をそろえますが、脚の形によっては膝が少し離れる人もいます。膝を曲げる前に脚下部が内旋しないようにします。自然なポジションに置くのです。

　両脚をもう一度伸ばすときは、股関節内転筋を使って両脚をそろえ、足までストレッチします。脊椎の伸筋を使い、なめらかな、コントロールされた動きで最初のポジションまで戻ります。

　私はこのエクササイズは毎日、毎週はやりません。しかし、「34」のエクササイズすべてを習得したいと考え、またやりとげるだけの筋力があるなら、やる価値はあります。

> **ターゲットにする筋**
> - 脊柱の伸筋：脊柱起立筋（棘筋、最長筋、腸肋筋）、半棘筋、脊柱背面の深層筋群
> - 股関節の伸筋：大殿筋、ハムストリングス（半膜様筋、半腱様筋、大腿二頭筋）

1. うつぶせになり、頭を左右のどちらかに向けます。両手を背中のできるだけ高いところで組み、肩の前面を床につけます。両脚を正面に向けて床につけ、足を軽くポイントにします。

18. ダブル・レッグ・キック 189

2. 息を吐いて、お尻と内太腿を引き締め、両足のかかとを膝が直角に曲がるまで上げてから、床に浮くくらいまで下ろします。勢いよく3回繰り返します。

3. 息を吸い、肩甲骨を引き下げ、胸と頭を床から持ち上げ、頭をセンターに向けます。両腕を伸ばして、足のほうまで後ろに伸ばします。息を吐いて、最初のポジションに戻り、頭を最初のポジションとは反対側に向けます。頭の向きを変えながら6回繰り返します。

19. シザーズ
The scissors

私はシザーズが好きです。
流れるような動きがあるエクササイズで、
すべてが自然な場所にあり、
幅広い筋群を同時に働かせるからです。

　股関節の屈曲筋が硬いと、たとえば脊柱前湾（p.49を参照）や骨盤の前傾などさまざまな姿勢の問題が生じます。シザーズは、骨盤を前に引っ張らずに、股関節前面にある腸腰筋をしっかりストレッチできる数少ないエクササイズの1つです。最初のポジションから脚を60度上げて始めてもかまいませんが、写真で示すように脚を90度まで上げたほうが骨盤の安定性を維持しやすくなります。

　最初のポジションに動くとき、骨盤の前後を同時に引っ張ると考え、下背部にごくわずかなアーチができるようにします。肩甲骨を引き下げ、上腕を床に押しつけます。脚を動かす間、体幹はまったく動かしません。ですから、すべての固定筋を使い、気持ちよく安定したポジションを作らなければなりません。

　脚をはさみのように動かす間、膝をまっすぐに保ち、足を軽くポイントにします。股関節の屈曲筋を使って下側の脚を持ち上げ、股関節の伸筋を使って上側の脚を下ろしはじめます。脚が垂直のポジションを通るとき、反対側の筋群が働きはじめます。上側の脚のハムストリングスと下側の脚の股関節屈曲筋を同時に伸展します。私はこの効率のよさが好きなのです。近所のスーパーで商品を1つ買ったときに、1つおまけがついてくるようなものですね。

ターゲットにする筋

- 脊柱背面の固定筋：脊柱起立筋（棘筋、最長筋、腸肋筋）、半棘筋、脊柱背面の深層筋群
- 脊柱前面の固定筋：腹直筋、内腹斜筋、外腹斜筋、腹横筋
- 股関節の屈曲筋：腸腰筋、大腿直筋、縫工筋、大腿筋膜張筋、恥骨筋
- 股関節の伸筋：大殿筋、ハムストリングス（半膜様筋、半腱様筋、大腿二頭筋）

1． 仰向けに横になり、両脚をそろえ、足をポイントにします。殿筋を使って足をまっすぐ空中に伸ばし、床に対して90度の角度にします。両手を下背部の股関節の上に置き、肘で体重の一部を支えます。指を尾骨のほうに向けます。

2. 息を吸い、スプリットをします。右脚を頭のほうに伸ばしながら、左脚を床に対して約60度の角度まで下ろします。

3. 息を吐きながら、はさみのような動きで脚を入れ替え、左脚が頭のほうに伸び、右脚が床に対して60度になるようにします。はさみの動きを10回繰り返します。終わったら、両脚をまっすぐに上げたまま、次のエクササイズに移ります。

20. バイシクル
The bicycle

これはおそらくピラティスのエクササイズのなかでも最も親しまれているものの1つでしょう。しかし、すべてを正しい位置に保ちながら正確に行うためには、腹筋の力がかなり必要です。

バイシクルの最初のポジションはシザーズ（p.190-191を参照）と同じですが、脚を動かす範囲が広いため、難易度が高くなります。正しく行えば、ハムストリングスと股関節の屈曲筋のストレッチにとても効果的です。脚の動きはなめらかに、流れるように協調させます。骨盤を傾けないで下側の脚をできるだけストレッチし、上側の脚を頭上にもっていき、しっかりストレッチします。こうすると、下側の脚の重みで上側の脚が引っ張られずにすみます。

コア筋で効率よく体を支えられると、体重が手にかかるような感じがしません。ワークしながら手を離してみましょう。とはいえ、それには練習が必要なのでがんばってください。

このエクササイズを習得したら、下側のつま先を床につけながら、もう一方の足を頭上までストレッチしてみましょう。しかし、下背部に不快感があったときは、すぐにやめます（同じようにワークするコントロール・バランス（p.214-215を参照）も参照）。

ターゲットにする筋

- 脊柱背面の固定筋：脊柱起立筋（棘筋、最長筋、腸肋筋）、半棘筋、脊柱背面の深層筋群
- 脊柱前面の固定筋：腹直筋、内腹斜筋、外腹斜筋、腹横筋
- 股関節の屈曲筋：腸腰筋、大腿直筋、縫工筋、大腿筋膜張筋、恥骨筋
- 股関節の伸筋：大殿筋、ハムストリングス（半膜様筋、半腱様筋、大腿二頭筋）

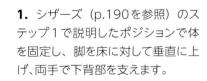

1. シザーズ（p.190を参照）のステップ1で説明したポジションで体を固定し、脚を床に対して垂直に上げ、両手で下背部を支えます。

2. 右脚を伸展して床のほうに下ろし、左膝を胸のほうにもっていきます。次に右膝を曲げ、かかとをぐるりと回してお尻のほうにもっていきます。左脚を伸展して床のほうにもっていき、次に左のかかとをぐるりと回してお尻のほうにもっていきます。自転車に乗っているようなイメージです。

3. 前回しを10回繰り返してから、逆回しを10回繰り返します。脊椎をゆっくりロールダウンして、背中を床につけて横になります。

21. ショルダー・ブリッジ
The shoulder bridge

このエクササイズでは、
最初にブリッジを作ってから、脚を上げます。
難易度を上げたいときは、手でウェストを支えずに、
腕を床に置いてみましょう。

ステップ1では、足を床に押しつけ、骨盤底を天井に持ち上げると考えます。上腕も床に押しつけて、胸を持ち上げ、肩の伸筋と脊椎の伸筋を使います。腹筋を使って骨盤が前傾しすぎるのを防ぎ、固定します。腰椎は自然なアーチを維持しますが、それ以上にアーチを描いてはいけません。そのためには、上げた脚の重みで引っ張られるときも、骨盤を動かさないようにします。手に体の重みがかかっていると感じたときは、コア筋を使って体を持ち上げます。ステップ3で脚を遠くに下ろしすぎないようにすると、骨盤を安定させやすくなります。

ターゲットにする筋

- 脊柱背面の固定筋：脊柱起立筋（棘筋、最長筋、腸肋筋）、半棘筋、脊柱背面の深層筋群
- 脊柱前面の固定筋：腹直筋、内腹斜筋、外腹斜筋、腹横筋
- 股関節の伸筋：大殿筋、ハムストリングス（半膜様筋、半腱様筋、大腿二頭筋）
- 股関節の屈曲筋：腸腰筋、大腿直筋、縫工筋、大腿筋膜張筋、恥骨筋

1. 仰向けに横になり、両膝を曲げて、足を腰幅に開いて、床につけます。殿筋、ハムストリングス、腕を使って股関節をカールして床から離し、手をウェストの脇に置き、真下にある肘で体を支えます。

21. ショルダー・ブリッジ　**195**

バリエーション

骨盤の安定を維持できないときは、半仰向けのポジションで脚を上げる練習をしましょう。ブリッジ（p.68-69を参照）のように骨盤を少し後傾してもかまいません。このバージョンでは手でウェストを支えず、脚を持ち上げたポジションのときに足を屈曲し、ハムストリングスのストレッチを深めます。

2. 息を吸い、右脚を天井のほうに伸ばし、つま先をポイントにします。

3. 息を吐きながら、右脚がまっすぐに伸びて、左脚と平行になるまで下ろします。息を吸い、脚を上に戻します。ステップ2-3を5回繰り返してから、右足を床に下ろして最初のポジションに戻ります。左脚でも繰り返します。

22. ジャックナイフ
The jackknife

これはロールオーバー（p.162-163を参照）に似ていますが、肩にのるまでロールしてから、ゆっくりロールダウンをし、足を頭と一直線に保ちます。スタジオではパートナーと組むこともあり、さらなるサポートや抵抗を加えます。

ジャックナイフは脊椎のアーティキュレーションとバランスを鍛え、複数の動きの協調を学べるすばらしいエクササイズです。しかし首を痛める可能性もあるので、頚椎が弱い人はやらないでください。始める前に、写真とは異なり、床にしっかりパッドが敷いてあることを確認しましょう。

ステップ2では、腹筋を使って骨盤を傾け、カールしてマットから離します。一気に大きく押し上げるのではなく、徐々に、コントロールしながら動きを保つと考えます。腕を床に押しつけて、肩の伸筋を使います。内太腿を引き寄せて、股関節の内転筋を使い、脚はずっとそろえておきます。足は長くして、軽くポイントにします。

パートナーと組むときは、パートナーに頭の後ろに立ってもらい、ステップ3の終わりに足をつかんでもらいます。ロールダウンを始めるとき、パートナーはやさしく脚を引っ張り、それによって下に向かう動きに抵抗を加えます。こうするとバランスを保ちやすくなると同時に、コア筋を強く働かせることになります。

ターゲットにする筋

- 脊柱の屈曲筋：腹直筋、内腹斜筋、外腹斜筋
- 脊柱の伸筋：脊柱起立筋（棘筋、最長筋、腸肋筋）、半棘筋、脊柱背面の深層筋群
- 股関節の屈曲筋：腸腰筋、大腿直筋、縫工筋、大腿筋膜張筋、恥骨筋
- 股関節の伸筋：大殿筋、ハムストリングス（半膜様筋、半腱様筋、大腿二頭筋）

1. 仰向けに横になり、腕を脇に置き、手のひらを下に向けます。脚をそろえて、床に対して約60度の角度まで上げます。つま先を軽くポイントにします。

22. ジャックナイフ　197

2. 息を吸い、骨盤と下背部を床から離し、脚をまっすぐに伸ばし、足をポイントにして頭の後ろまでもっていき、動きを補助します。コア筋を使い、腕を床に押しつけて、肩までロールアップします。

3. 足が空中でまっすぐになり、肩甲骨で体重のバランスがとれたら、止まります。この段階でパートナーに足をつかんでもらってもかまいません。

4. 息を吐きながら、椎骨1つ分ずつゆっくりロールダウンしますが、足は頭上に保ちます。尾骨が床についたら、両脚を床から約60度の角度まで下ろし、もう一度スタートする準備をします。5回繰り返します。

23. サイド・キック
The side kick

これはプレピラーティスの項で紹介した側臥位の ストレート・レッグ・リフト(p.104-105を参照) の発展形です。 上側の脚を支えるコア筋と、 とくに股関節外転筋をしっかり鍛えることができます。

側臥位になって脚を前後にキックすると、脊椎の側面と前面にあるすべての腹筋はもちろん、背面の腹筋も鍛えることができます。エクササイズ中、胸郭と骨盤の間の距離を一定に保ちましょう。つまり、ウェストや肩が沈み込まないようにするのです。股関節を固定し、腰骨を積み重ね、体が前後に揺れないようにします。

脚を前後に動かすときは、同じ高さを保つよう心がけます。股関節外転筋を引っ張られる感じがするでしょうが、脚を下ろしてはいけません。ステップ4では、脚をごくわずかにしか後ろにもっていきません。これは骨盤を前傾させないためです。ごく小さな動きのほうが最大の効果を上げられます。股関節が自由に前後に揺れると考えてください。キックといっても、ボールを蹴るような激しい動きはしません。見えないバリアにつま先が当たったみたいに、やや跳ね返る感じです。

脚を前後にスイングするときは、脚を少し外旋させておきます。足が最も遠い地点に来たときに足を屈曲させて、ハムストリングスのストレッチを深めてもかまいません（これと少し異なる課題については、p.140-143のデベロッペシリーズを参照）。

ターゲットにする筋

- 脊柱の側屈筋と固定筋：内腹斜筋、外腹斜筋、腰方形筋、脊柱起立筋（棘筋、最長筋、腸肋筋）、半棘筋、脊柱背面の深層筋群、腹直筋、腹横筋
- 股関節の外転筋：中殿筋、小殿筋、大腿筋膜張筋、縫工筋

1. 側臥位のポジションで右側を下にして横になり、両脚を伸ばし、体幹の少し前で重ねます。右上腕を床に置き、腕と頭の間に巻いたタオルを入れます。左手の指を体の正面の床に軽くつきます。

23. サイド・キック

2. 息を吐き、腹筋を使い、左脚を股関節の高さまで持ち上げ、軽く外旋します。

3. 2回小さくキックするように、左脚を体の正面にもっていき、少し後ろに引いてからさらに前にもっていきます。股関節の安定性を失わない範囲で、できるだけ前にもっていきます。息を吸います。

4. 息を吐いて、2回小さくキックするように、脚を後ろにもっていき、少し前に戻してからもう一度後ろに引きます。このシーケンスを5回繰り返してから、向きを変えて左側を下にして横になり、右脚を上げます。

24. 腕を伸ばした ヒップ・ツイスト
The hip twist with stretched arms

これはコークスクリュー（p.180-181を参照）の座位バージョンのようなエクササイズです。しかしバランス力のほか、脚の重みを支えるための筋力ももっと必要になるので、難易度は上がっています。

　これは上級のエクササイズで、下背部を守るためにコア筋を強くコントロールできなければなりません。ハムストリングスが硬い人や、下背部を固定するのがむずかしい人は、このエクササイズはやらないか、あるいはバリエーションで紹介するように前腕を床につけて行います。両脚はかなり高い位置で保ちます。下げすぎると、コントロールが効かなくなるでしょう。円は小さく描き、左右ともに同じ大きさにするよう心がけます。

　上体は、脚の重みと釣り合わせるための重りですが、動かしてはいけません。つねに肩を正面に向け、下部体幹だけでツイストします。脚の動きに合わせて股関節がロールするときも、足はつねに骨盤の中心点と一直線上にします。

　エクササイズ中、内太腿の筋をやさしく使う一方、脚をできるだけ長くし、足を軽くポイントにします。

> **ターゲットにする筋**
>
> - 脊柱の側屈筋と前面の回旋筋：腹直筋、内腹斜筋、外腹斜筋
> - 股関節の屈曲筋：腸腰筋、大腿直筋、縫工筋、大腿筋膜張筋、恥骨筋

1. 床に座り、脚を体の正面に伸ばし、つま先をポイントにします。両手を後ろの床について体を支え、手のひらを下に向けて、指を体の後ろの少し外側に向けます。

バリエーション

手を体の後ろについてこのエクササイズをするのがむずかしいと感じる人は、前腕を床につけて試しましょう。

2. 腹筋を使い、脚を床から45度の角度に上げ、尾骨でバランスをとります。両脚を互いに押しつけ、軽く外旋し、つま先をポイントにします。両脚をゆっくり下ろし、右に回して円を描きます。息を吸いながらセンターを超えて左に動かし、1つの連続した動きのままでセンターに戻します。方向を変えて、両脚を下ろして左に回し、上に上げて右にもっていきます。各方向に10回ずつ円を描きます。円を描きはじめるときに息を吸い、描きおえるときに息を吐きます。

25. レッグ・プル・フロント
The leg pull front

このエクササイズはバランスとセンターの強化にとても効果的なうえ、上肢帯の筋をしっかり鍛えます。
しかし、手首が弱い人はやらないでください。

　このエクササイズに対するジョゼフ・ピラーティスのオリジナルの指示には、「脚をできるだけ高く後ろに上げる」とあります。しかし、これでは骨盤が前傾しやすいので、私はお勧めしません。腰の高さで止めても、同じ効果を得ることはできます。エクササイズの間ずっと骨盤を床に向けておくよう心がけましょう。自分の体は固くて動かない物体で、脚だけが上下に動くと考えるのです。このエクササイズのように体の正面を床に向けていると、体を動かさずにいるのはむずかしいものです。重力による抵抗を受けるため、すべてを一直線上に保つためにはコア筋を強く働かせなければならないからです。

　手のひらを床に押しつけ、肩甲骨を引き下げることで、肩が沈まず、むしろ肩から体を引き上げるようにします。プッシュアップ（p.216-217を参照）をやろうと思う人には、これはいい練習になります。フロント・サポートと呼ばれる、顔を下に向けたプランクのポジションになると、肩甲骨が脊椎のほうに寄るため、肩甲骨を広げておくためには前鋸筋を使う必要が生じるからです。そうしないと、このエクササイズはあまり効果が出ないのです。

ターゲットにする筋

- 脊柱前面の固定筋：腹直筋、内腹斜筋、外腹斜筋、腹横筋
- 股関節の伸筋：大殿筋、ハムストリングス（半膜様筋、半腱様筋、大腿二頭筋）
- 肩甲骨の外転筋：前鋸筋、小胸筋

1. うつぶせになり、手のひらを肩の真下で床につけ、足の指を折り返します。

25. レッグ・プル・フロント 203

2. 腹筋を使い、体を持ち上げて、両手と足指のつけ根で体重を支えます。足首の側面、膝、骨盤、肩、耳がほぼ一直線上に並ぶようにします。体を後ろにロックし、かかとを床のほうに押しつけてから、前にロールして足指のつけ根に体重をのせます。これを2-3回繰り返します。

3. 息を吸って、片脚を股関節と同じ高さまで持ち上げます。ステップ2と同じように、体を前後にロックします。息を吐きながら、上げた脚を床に下ろします。各脚で5回ずつ繰り返します。

26. レッグ・プル・バック
The leg pull back

これはレッグ・プル・フロントの裏返しですが、このエクササイズで使う脊椎の固定筋、股関節の屈曲筋と伸筋は、それとはまったく別の組み合わせになります。これもまた、コアの強化に役立つすばらしいエクササイズです。

　ステップ2でまっすぐな線を出すためには、足を床に押しつけ、骨盤底を天井のほうに持ち上げます。また、両手を床に押しつけて肩甲骨を滑り下ろし、前鋸筋を使いやすくするほか、胸郭を広げるときに上体を持ち上げます。脊椎は自然なカーブを描くようにします。エクササイズ中は、ウェストや肩が沈み込まないよう心がけます。それにはウェストを長く保ち、肩から体を持ち上げることです。体幹は1本の硬い線で、動かす脚だけが人形使いが操るひもにくっついているかのように、脚を上下に動かすのです。

　脚を上げるときは足をポイントにして、脚のラインを長く保ちます。頂点に達したら、足を屈曲して、ハムストリングスのストレッチを深めます。なめらかでコントロールされた動きを実現するためには、股関節の伸筋と屈曲筋をしっかり働かせなければなりません。息を吸って脚を持ち上げ、息を吐いて下ろします。

　手首に問題がある人は、このエクササイズは禁忌です。また、腹筋の力が足りず、脚を動かすときに骨盤を固定できない人も、このエクササイズはやめておきましょう。

ターゲットにする筋

- 脊柱背面の固定筋：脊柱起立筋（棘筋、最長筋、腸肋筋）、半棘筋、脊柱背面の深層筋群
- 脊柱前面の固定筋：腹直筋、内腹斜筋、外腹斜筋、腹横筋
- 股関節の伸筋：大殿筋、ハムストリングス（半膜様筋、半腱様筋、大腿二頭筋）
- 股関節の屈曲筋：腸腰筋、大腿直筋、縫工筋、大腿筋膜張筋、恥骨筋
- 肩の伸筋：広背筋、大円筋、後部三角筋
- 肩甲骨の下制筋：下部僧帽筋、前鋸筋
- 肩甲骨の内転筋：僧帽筋、菱形筋、肩甲挙筋

1. 座って体の正面で脚をそろえ、両手を骨盤の後ろの床につき、指を前に向けます。

26. レッグ・プル・バック

2. 股関節を押し上げて床から離し、両脚を引き締めて、つま先をポイントにし、体を一直線にして、かかとと手で支えます。

3. 息を吸って片脚を上げます。ウェストが沈み込まないように気をつけます。

4. 足を屈曲して、息を吐きながらゆっくり脚を下ろし、最初のポジションに戻ります。息を吸い、反対側の脚を上げてから、床に下ろします。各脚で5回ずつ繰り返します。脚を上げるときは足をポイントにし、下げるときは足を屈曲します。

27. ニーリング・サイド・キック
Kneeling side kick

このクラシック・エクササイズでは、膝と手首に体重をかけるときに慎重に行います。サイド・キック（p.198-199を参照）は、リスクなしで似たような効果を上げることができます。しかし、「34」をすべて試したい人は、何はともあれこのエクササイズもやりましょう。

肩の下にブロックを置き、側屈するときに体重をかけます。手が届くのであれば、ステップ2で床に手をつきます。体を支えている手を床に押しつけて、肩から体を引き上げます。前鋸筋と下部僧帽筋を使って、肩が沈み込まないようにします。ステップ3-4では、上側の腕の肘を天井に向けましょう。

床に近い側の腹斜筋と脊柱起立筋を使い、ウェストが沈み込まないようにします。体幹と体を支える腕と脚を完全に固定し、片脚だけを動かすよう心がけましょう。息を吸いながら脚を前にもっていき、息を吐きながら後ろに戻します。足は、エクササイズの間中、軽くポイントにします。

1. 床に膝をつき、脚下部を平行にして腰幅に開き、腕を肩の高さで外に広げ、手のひらを下に向けます。

2. 右に側屈し、右手のひらを右肩の真下でブロックの上にのせ、股関節と一直線にします。指先を体の外側に向けます。左腕をカールして空中に上げ、手のひらを前に向けます。

ターゲットにする筋

- 脊柱の側屈筋と固定筋：
  内腹斜筋、外腹斜筋、腰方形筋、脊柱起立筋（棘筋、最長筋、腸肋筋）、半棘筋、脊柱背面の深層筋群、前鋸筋、僧帽筋、腹直筋、腹横筋
- 股関節の外転筋：中殿筋、小殿筋、大腿筋膜張筋、縫工筋

27. ニーリング・サイド・キック

3. 腹筋を使い、左脚を上げて、ほぼ股関節の高さまで外側に伸ばし、つま先をポイントにします。左手を頭の後ろに置き、肘を天井のほうに向けます。

4. 息を吸い、左脚を正面に向けてスイングしますが、このときにバランスを失ったり、股関節が揺れたりしないようにします。左足を屈曲し、息を吐いて、脚をスイングしてもとに戻します。5回繰り返してから、向きを換えて、右脚でも5回繰り返します。

28. サイド・ベンド
The side bend

これは上級のエクササイズで、初心者向きではありません。しかし、背筋が強ければ、見た目ほどむずかしくありません。エクササイズの鍵を握るのは、肩と腕に体を沈めるのではなく、そこから体を引き上げることです。

サイド・ベンドは、脊椎を支え、ツイストしたり回旋したりするときに脊椎を保護する筋をターゲットにしています。なにより、バランスを鍛えるのに最適です。バランスを保つために微調整をするときに、ウェスト、内太腿、腹部のほか、背中、肩、腕の筋を鍛えられるからです。体を持ち上げる前に、上側の足を下側の足のすぐ前に置くと、バランスをとるための土台が広くなるので、楽になります。

正しいアライメントを作り、それを維持するには、自分は2枚のガラスの壁に挟まれたと想像しましょう。そうすると、肩と体幹と足を一直線にするよりほかなくなります。前に転がらないように気をつけます。目に見えない壁の間にいるようにするのです！ ステップ4では、体の上側のラインで、虹のようななめらかなカーブを作りましょう。

肩甲骨は、エクササイズの動きの中で肩を上げたり内側に引いたりするときも引き下げ、間を広げておきます。前鋸筋を使い、肩甲骨の正しいポジションを維持します。このエクササイズは肩を強化するのに適していますが、肩に不快感があるときはやめましょう。バリエーションについては、p.106-107のツイストを参照すること。

> **ターゲットにする筋**
>
> - 脊柱の側屈筋と固定筋：内腹斜筋、外腹斜筋、腰方形筋、脊柱起立筋（棘筋、最長筋、腸肋筋）、半棘筋、脊柱背面の深層筋群、腹直筋、腹横筋
> - 肩の外転筋：中部三角筋、棘上筋、前部三角筋、大胸筋
> - 肩甲骨の下制筋：下部僧帽筋、前鋸筋、小胸筋
> - 肩甲骨の外転筋：前鋸筋、小胸筋

1. 右股関節を下にして座り、膝を曲げ、脚をそろえます。右手を床に置き、手のひらを下に向け、指先を骨盤の外側に向けます。左手を左脚のふくらはぎに置きます。右腕、骨盤の右側、右足で体重を支えます。

28. サイド・ベンド **209**

2. 右手を床に押しつけて、体幹を持ち上げ、全身を一直線にします。左腕は体の左脇に沿わせます。4秒間ホールドします。

3. 息を吸い、頭を左肩のほうに向け、右脚のふくらはぎがちょうど床に触れるところまで、骨盤と脚を下ろします。右腕はまっすぐに保ちます。

4. 息を吐き、もう一度体幹を持ち上げてから、左腕を頭上に上げます。手のひらを下に、頭を正面に向けます。両膝を曲げて最初のポジションに戻ります。各側で5回ずつ繰り返します。

29. ブーメラン
The boomerang

ブーメランはとても楽しいエクササイズなので、気に入ると思います。私は、ジョゼフ・ピラーティス版に少し修正を加え、両腕を外に広げてからスイングして元に戻すようにしています。

これは複雑なエクササイズなので、挑戦する前に、ロールオーバー（p.162-163を参照）とティーザー（p.168-169を参照）を正しく実践する自信があるかどうかを確認してください。脚を床から持ち上げるときに下背部のアーチを防ぐためには、腹筋を確実にコントロールできなければなりません。ステップ2でロールバックするときは、股関節の角度を一定に保ちましょう。体重を首にかけてはいけません。肩甲骨でロールを止めます。

股関節の外転筋を使って、両脚を床から同じ高さで保ちましょう。脚が下がってはいけません。また、センターの筋を使ってゆっくりと、制御された動きをします。つま先は軽くポイントにします。

腕を後ろに回して上げるときは、広背筋が働いているのを感じましょう。ステップ5で、背中で手を組みますが、こうすると肩甲骨が引き下げられ、胸が開く一方、肩の屈曲筋のストレッチにもなります。

なぜエクササイズにブーメランという名前がついたかは、見ればわかります。弓型のポジションを作って一方に動いたのち、逆方向に動いてからもとの位置に戻るからです。ただし、飛ぶように動かなければいけないとは思わないでください。ゆっくりとコントロールされた動きがいちばんいいのです。

ターゲットにする筋

- 脊柱の屈曲筋：腹直筋、内腹斜筋、外腹斜筋、広背筋
- 股関節の屈曲筋：腸腰筋、大腿直筋、縫工筋、大腿筋膜張筋、恥骨筋

1. 床に座り、体の正面に脚を伸ばし、くるぶしで脚を組んで、足をポイントにします。両手を股関節の脇に置き、指先を正面に向けます。

2. 息を吐いて、肩甲骨までロールバックし、両脚を体幹の向こうまでスイングし、両腕を床に押しつけます。このポジションをホールドしながら、脚を3回、開いたり閉じたりします。

3. 息を吸い、ロールアップし、尾骨にのってV字でバランスをとります。腕を伸ばして脚と平行にします。

4. V字でバランスをとったまま、腕を伸ばしたまま脇に広げます。

5. 腕を後ろに回して、背中で手を組みます。息を吐いて、脚をとてもゆっくりと床に下ろし、鼻を膝に近づけます。背中でできるだけ手を高く上げてから、手を離して前に回し、つま先に触れます。最初のポジションに戻り、脚をくるぶしで逆に組み直してから、繰り返します。

30. シール
The seal

このエクササイズには屈曲の動きがたくさん含まれますが、これが楽しいのです。とくに、アザラシのように両足を合わせるのは楽しいので、ぜひ試してください。ただし、両足を合わせるときにバランスを失わないように注意しましょう。

　成功する秘訣は、エクササイズの間中、頭頂部から尾骨まで体のカーブを一定に保つことです。へそを脊椎に引き入れ、太腿を胸の近くに引き寄せ、かかとを太腿の近くに引き寄せ、硬いボールのように体を丸めましょう。腹筋を使って骨盤を後傾させ、後ろに揺れる動きを作り出します。前に揺れるときは、股関節を少し胸から離し、手で脚のほうに引っ張ります。

　体があまりやわらかくなくて、シールのポジションになれない人は、太腿の後ろの、ちょうど膝裏あたりをつかみ、膝をできるだけ肩から離すようにします。こうすると、ゆるめですが、ボールの形を作ることができます。

1. 床に座り、両膝を曲げて、足をそろえます。腕を膝の下に差し入れて、両手で足首の外側をつかみ、足裏をできるだけ近づけます。足を持ち上げて床から離し、尾骨でバランスをとります。

2. 足首をつかんだまま、息を吸って後ろにロールします。

ターゲットにする筋

- 脊柱の屈曲筋と脊椎前面の固定筋：腹直筋、内腹斜筋、外腹斜筋、腹横筋

警告

ローリングのエクササイズに共通することですが、硬い床の上では行わないでください。脊椎がかなりごつごつしている人や、脊椎が平らな部位がある人はこのエクササイズはやめましょう。肩甲骨の真上にきたところでロールをやめ、首に負荷をかけないようにします。

3. 肩甲骨までロールバックします。バランスを取り戻してから、かかとを3回合わせます。

4. 息を吐いて、顎を胸につけて、かかとのほうに引っ張りながら、前にロールします。尾骨でバランスをとり、かかとを3回合わせます。前後にロールする動きを10回繰り返します。息を吸って後ろにロールし、息を吐いて前に戻るのです。それから、尾骨の上でバランスをとる最初のポジションに戻り、エクササイズを終えます。

31. コントロール・バランス
Control balance

これは楽しくてやりがいのあるストレッチで、ロールオーバー（p.162-163を参照）からはじまります。
次に、片脚を下に残したまま、もう一方の脚を天井に上げる動きを交互に行います。

このエクササイズの名前にもなっている、「コントロール」と「バランス」に気をつけましょう。ステップ2のポジションになったとき、脊椎は自然なカーブを描き、骨盤が少し後傾していなければなりません。脚を動かすときも、ずっとこの形を保ちます。脚を天井に向けるとき、体幹が床のほうにロールバックしそうになりますが、筋をさまざまに働かせてそれを防ぎます。肩の屈曲筋を使いながら下側の脚を引っ張るといいでしょう。

脚を長く保ち、つま先を軽くポイントにします。このエクササイズはハムストリングスのストレッチに効果的ですが、ハムストリングスが硬すぎてうまくできないときは、脚下部をつかむときに足を床から浮かせてかまいません。ロールオーバー（p.162-163を参照）を練習して柔軟性を高めれば、このエクササイズは楽にできるようになります。

コントロール・バランスでは体重が上背部にかかるので、頚椎になんらかの問題がある人は試さないでください。この写真とは異なり、床にマットをしっかりと敷くこと。

ターゲットにする筋

- 脊柱の屈曲筋：腹直筋、内腹斜筋、外腹斜筋
- 脊柱の伸筋：脊柱起立筋（棘筋、最長筋、腸肋筋）、半棘筋、脊柱背面の深層筋群
- 股関節の伸筋：大殿筋、ハムストリングス（半膜様筋、半腱様筋、大腿二頭筋）

1. 仰向けに横になり、腕を体の脇に置いて、手のひらを下に向けます。息を吸い、脚を持ち上げて、床に対して約60度の角度を作ります。

2. 息を吐いて、骨盤を肩甲骨のほうに持ち上げながら、脚を頭の先にもっていき、頭の後ろの床に置きます。

31. コントロール・バランス 215

3. 手で円を描いて頭上にもっていき、足の側面をつかみます。

4. 手の位置を動かして、右手で右足首を、左手で右ふくらはぎをつかみます。

5. 息を吐いて、左脚を天井のほうに持ち上げ、床に対して垂直になるようにします。

6. 息を吸って、脚を換え、右脚を天井のほうに向け、左手を左足首に、右手を左ふくらはぎに置きます。各脚で3回ずつ繰り返してから、頭の後ろの床に両足を下ろします。ロールバックして、最初のポジションに戻ります。

32. プッシュアップ
Push-up

すでにおわかりでしょうが、ピラーティスのプッシュアップでは、さまざまな筋群を使って、慎重に、コントロールされた動きをします。軍隊風の猛烈な訓練で、上級曹長に罵倒されながら兵士たちがすごい速さでこなそうとするプッシュアップとは、まったく別物です。

このエクササイズの目的は腕の強化だけだと思えるかもしれません。たしかに肩の屈曲筋と肘の伸筋で上体の重みを持ち上げるので、その通りです。しかし、プッシュアップのポジションで体を一直線に保ち、骨盤を安定させるときに、コア筋もしっかりと鍛えます。ステップ4-5では、骨盤と足首と肩を一直線にします。

上体に関しては、肩甲骨を広く保ち、肘を体の脇につけます。こうすると肘の伸筋で肘の曲げ伸ばしを、肩の屈曲筋で上腕の前後の動きをコントロールすることができます。

体を押し上げるのがむずかしい人は、両手を歩かせて(ステップ3)から戻る動きを練習しましょう。壁から50cmほど離れたところで壁に向かって立ち、壁を押すと、上体の強化になります。手のひらを肩の高さに上げて壁につき、肘を曲げて体のほうに引き寄せます。腹筋を使って壁を押し、腕を鍛えます。これを定期的にやってから、もう一度プッシュアップをやってみると、筋力がついたことが実感できます。

ターゲットにする筋

- 脊柱前面の固定筋:腹直筋、内腹斜筋、外腹斜筋、腹横筋
- 肩の屈曲筋:前部三角筋、大胸筋、烏口腕筋、上腕二頭筋
- 肩甲骨の内転筋:前鋸筋、小胸筋
- 肘の伸筋:上腕三頭筋、肘筋

1. 背筋を伸ばして立ち、足と脚をそろえ、腕を体の脇に下ろします。

2. 腹筋を使い、脚の前面でゆっくり手を滑り下ろし、手のひらを床につけます(あるいはできるだけ)。脚の裏側にストレッチを感じます。

32. プッシュアップ　217

3. 息を吸い、両手を歩かせて体から離し、上下逆のV字型を作ります。

4. 息を吐いて、両手をさらに遠くに歩かせ、股関節を下ろし、体を一本の線にして、両手とつま先に体重をのせます。

5. 息を吸い、肘を曲げて、胸を床に近づけます。息を吐いて、肘を伸ばし、両手をもとの位置に歩かせながら体を持ち上げてステップ3のポジションに戻ります。

6. 息を吸い、両手を歩かせて足のほうに戻してから、息を吐いて、体をロールバックし、立位に戻ります。5回繰り返します。

218 オリジナルの 34 のエクササイズ

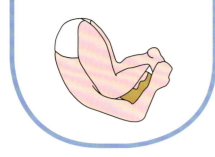

33. クラブ
The crab

これはむずかしいエクササイズなので、ローリング・ライク・ア・ボール（p.164-165を参照）とシール（p.212-213を参照）を習得できた人だけが挑戦してください。これらのエクササイズはクラブと似たような動きをしますが、難易度が低いからです。

エクササイズの間、脊椎のカーブをほぼ同じ形に保つようにし、骨盤の後傾を、後ろにロールするための原動力にします。方向を逆にするときは、太腿を胸から離して前に動かし、足をお尻に引きつけます。膝の向こうまで転がるときは、骨盤に向かって体を引き上げるイメージを持ちますが、頭を床につけるときはしっかりとコントロールを保ち、ゆっくりとロールしてください。理由はわかりますね。

> **ターゲットにする筋**
> - 脊柱の屈曲筋と脊柱前面の固定筋：腹直筋、内腹斜筋、外腹斜筋、腹横筋

 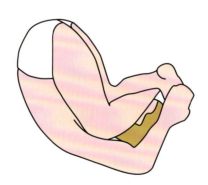 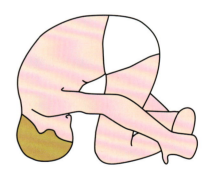

1. 床に座り、膝を曲げて、足を床から持ち上げて、足首で脚を交差します。腕で体を抱えて、左手で右足、右手で左足をつかみます。

2. 息を吸い、ロールバックをして肩甲骨にのり、膝を耳の脇につけます。

3. 息を吐いて、最初のポジションのさらに向こうまで前にロールし、骨盤を持ち上げて膝の向こうにもっていき、足を持ったまま、頭を正面の床につきます。最初のポジションまでロールバックします。5回繰り返します。

> **ピラーティスのロール**
>
> ジョゼフ・ピラーティスは、顎を胸に引き寄せて、床の上を前後に動く車輪のように脊椎1つ分ずつロールするように、とアドバイスしました。彼は、ロールする動きにより肺が浄化され、古い空気が吐き出され、酸素をたっぷり含んだ新鮮な空気が肺に取り込まれると信じていました。そして、ロールのエクササイズを週に4回行えば、子宮のなかで体を丸め、産道を通って生まれたばかりの頃のような脊椎の柔軟性を回復できると言いました。21世紀のピラーティスは、脊椎については当時よりも気を配っています。

33. クラブ／34. ロッキング　219

34. ロッキング
The rocking

このエクササイズも慎重に行ってください。
頭を反らすポジションがあり、下背部に圧がかかり、
ロックして腰骨にのるからです。
体がとても強く、けががない人だけが試してください。

　このエクササイズの背部の過伸展はかなり強度がきついので、背部になんらかの問題がある人には適しません。十分に体が強いと思えば試してかまいませんが、不快感があったらすぐにやめましょう。

　前にロックする動きのきっかけを作るときは、股関節の伸筋を使って膝を床から持ち上げ、肩の屈曲筋を使って上に引き上げます。ロックバックするときは逆の動きをし、脊椎の伸筋を使って上部体幹を持ち上げます。ロッキングチェアのように、前後になめらかにロックしましょう。

> **ターゲットにする筋**
> - 脊柱の伸筋：脊柱起立筋（棘筋、最長筋、腸肋筋）、半棘筋、脊柱背面の深層筋群
> - 股関節の伸筋：大殿筋、ハムストリングス（半膜様筋、半腱様筋、大腿二頭筋）

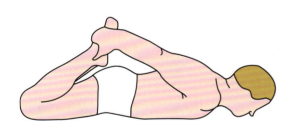

1. うつぶせになり、両膝を後ろに曲げます。左足を左手で、右足を右手でしっかりとつかみます。

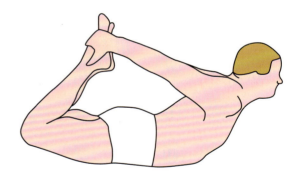

2. 頭と胸を持ち上げて床から離し、足を引っ張って太腿を持ち上げます。

3. 息を吸い、体を前にロックして肋骨前面にのります。息を吐いて、股関節の上までロックして戻ります。ロックの動きを10回繰り返します。

> **警告**
> 私は普通、クラブとロッキングは勧めません（これらのエクササイズの写真を掲載しないのもそのためです）。背中や関節に問題がある人には禁忌だからです。どうしても「34」をすべて試したい人は、よく気をつけて行ってください。仰向けでロールしたり、うつぶせでロックしたりするときは、硬い床の上で行うのではなく、エクササイズマットを使い、骨を保護してください（脊椎がかなりごつごつしている人や、脊椎が平らな部位がある人はとくにです）。クラブをするときは、肩甲骨にのったところでロールをやめ、首に負荷をかけないようにしましょう。

ピラーティスの開業

ピラーティスを実践するのが楽しく、自分はピラーティスのインストラクターとして生徒をはげまし、刺激を与えることができると思う気持ちはすばらしいものです。しかし、独立開業するには経営と交渉のスキルを高め、事前の準備をし、自分の魅力を高めなければなりません。この章では、グループや個人をクライアントとして開業するための基本的な手順や、さまざまなレベルの人向けのプログラムの計画法をお伝えします。

独立開業の基礎	222
クライアントの評価	228
マットワーク・クラスの運営	231
クライアントとの関係	232
初心者向けのプログラム	234
下背部に不調がある人向けのプログラム	238
股関節に不調がある人向けのプログラム	240
膝に不調がある人向けのプログラム	242
腹筋のクラス	244
脚のワークアウト	246
妊娠中のピラーティス	248
とても健康な人向けの上級ワークアウト	249
ピラーティスの未来	252

独立開業の基礎

ピラーティスの指導者として仕事をしようと決めたら、まずしかるべき訓練コース(p.254を参照)を修了してから、事業の形態について考えましょう。

独立開業する前に、最低でも1年間はぜひ既存のピラーティス・スタジオで働いてみてください。経営側の内情がわかるほか、クライアントとの関係やさまざまな身体問題を抱えた人の指導を経験する貴重な機会になるからです。そうやって働きながらも小規模に開業し、クライアントが増えれば会社を設立することもできます。たとえば、近所の公民館で適当な部屋を借りて、週に1度マットワークのクラスを開くのもいいでしょう。なかには自宅で個人的にマットワークを指導したり、自宅にあるピラーティス用のマシンを使ったりする人もいるでしょう。どちらのやり方でも、地域の需要を評価する際の助けになります。大金を使って更衣室や洗面所、最新のマシンを備えた大規模なスタジオを借りるのは、その後で十分です。

また、競争相手について考えておくことも重要です。開業したい地域に、ほかにもピラーティスのクラスはありますか？ あなたは競争相手にないものをクライアントに提供できますか？ 競争相手の料金を調べ、自分なら料金をいくらに設定するかを考えてみましょう。このとき、開業や運営にかかるコストのほか、自分の生活費や税金も加味して予算を立てなければなりません。現実的になりましょう。よほどしっかりした理由がない限り、週に100人ものクライアントが来るなどと期待してはいけません。楽観主義は美徳ではありますが、楽観的な考え方で起業すると、すぐに行き詰まります。

徹底的に調査します クライアントを安定的に確保したいなら、場所選びは重要です。不動産業者がよく言うように、「1にも、2にも、3にもロケーションです」。

> **購入すべきマシン**
>
> 新規開業時にキャデラックなどのピラーティス用マシンを一気に買いそろえるのはお勧めしません。これらのマシンは1台あたり何十万円もし、定期的なメンテナンスが必要なうえ、消耗するので数年ごとに買い換えなければならないからです。まずはお得意さんを確保してから、投資に回せる金額を計算しましょう。基礎的なマットワーク・クラスを始めるときは、パッドつきのエクササイズマットと枕やクッションがあれば十分です。バランスボールやハンドウェイト、スツールなどは、必要に応じて追加すればよいのです。

開業する 既存のジムやスタジオでマットワーク・クラスを開けば、大金をかけずに開業できます。

場所の選定

あなたはスタジオのスペースを借りたり、買ったりしますか。賃貸すれば、大切な貯金を注ぎ込まなくてもとりあえず開業できますが、賃貸契約の内容は慎重に確認しましょう。賃貸する期間や、場合によっては経費削減のためにそのスペースを又貸しできるかどうかも確かめます。また、その物件はマットワークやマシンのクラスを開くだけの十分なスペースがあり、収入を増やしたいときはそこで事業を拡大できますか？ その建物は似たような目的のために作られたものですか、それとも使用目的を変えるには行政の許可が必要ですか？ 男女別の更衣室や洗面所はありますか？ 周辺の雰囲気はどうですか？ 開講するには静かな環境が欠かせないことを忘れてはいけません。

クライアント用の駐車スペースはありますか、あるいは公共の交通手段が近くにありますか？ ターゲットにしたいクライアント層との距離は、近ければ近いほどいいものです。仕事の前後か昼食時にエクササイズをする人が多いので、大勢の人が働きに来る地域がよいでしょう。

自宅の一室を使って開業するつもりなら、まず保険の内容を確認しましょう。おそらく保険料が高くなるはずです。また、自

保険

ピラーティスを指導するには、クラスで事故が起きた場合や、クラスに参加したために症状が悪化した、けがをしたなどとクライアントが提訴する場合に備えて、専門職業人向けの保険に入らなければなりません。専門職業人賠償責任保険に入ると、クラス内の事象が保険対象になります。条件については保険会社と直接交渉しましょう。マシンを使うか、マットクラスだけにするかで保険料が変わるほか、クライアントがパフォーマーや運動選手、高齢者の場合は保険料が上がることもあります。あなたが不正行為をしたと訴えられれば、どれほど不当な告発でも訴訟対応に多大な費用がかかるので、保険に入っておかなければなりません。また、開業場所でだれかが滑ったり、転んだり、けがをしたりすることもあるので、一般損害賠償責任保険にも入りましょう。レッスン場所が自宅でも公共のスペースでも同じことです。従業員を雇うのであれば、その人たちも保険適用対象にする必要があります。

宅の一部を使って開業すると税額が変わるので、税理士のアドバイスも受けましょう。

マーケティング

集客する方法はいくらでもあります。以下に提案する方法のなかでよいと思うものは、できるだけたくさん試してみましょう。

チラシ

サービス内容を盛り込んだ魅力的なチラシを作り、開業場所の近くで配りましょう。地元の商店のなかには、掲示板に張り出したり、ショーウィンドウに飾ったりしてくれるところもあるかもしれません。このとき、魅力的な人が一見不可能な動きをしている写真は避けましょう。クライアントが気後れするかもしれません。あなたが取り込みたい層についてよく考え、女性ばかりでなく男性も写真に含めれば、女性限定のクラスだという印象を与えずにすみます。

地方紙を活用する

地方紙や雑誌にプレスリリースを送り、記事にしてくれないか、尋ねましょう。このとき相手がほしがる話題があれば、役に立ちます。けがをした後にピラーティスに出会い、エクササイズを通じてけがが治った、あるいは深刻なけがのあとにピラーティスを始めたら驚くような回復ぶりを見せたクライアントの中でよろこんで経験を話してくれる人はいませんか。話題性があれば、記事になりやすいのです。

ソーシャル・メディアを活用する

ウェブサイトやフェイスブックのページを作り、ツイッターを始めましょう。サイトを宣伝用だけに使ってはいけません。明るく、読みやすく、読者に役立つ情報をのせれば、すぐに読者が増えます。

照会先を探す

地元の開業医、理学療法士、オステオパシー医、カイロプラクターに連絡をとり、クライアントを照会してもらえないか聞いてみましょう。また、近所のダンスカンパニーや劇団は、あなたのサービスを喜んでくれるかもしれません。

評判を高める

地元のジムで週に何回かピラーティスのクラスを受け持ち、収入を得ることができないかを探し、その間に自分の評判を高めましょう。これは新しいクライアントの開拓にも役立ちます。

ネットワーク

健康関連の会議やネットワークグループの会合に参加し、進んでかかわり、実演などもしてみましょう。

既存のクライアントを維持する

既存のクライアントとの関係を維持しましょう。移転するときは案内状を送り、特別価格で招待します。たとえば、10クラス分を予約して先払いすれば、1クラス分を無料にするといった具合です。

電話をかける 地元の企業に自分のサービスについて伝えるのも、すばらしい集客方法です。

健康と安全

ピラーティスのインストラクターの目標は、クライアントのニーズにあったエクササイズ・プログラムを組み立て、それを正しく実行する方法を教えることです。

クライアントがエクササイズを安全にできない状態であれば、それに気づき、適切な治療を勧められなければなりません。マットワーク・クラスでは、参加者が到着したときによく観察し、跛行や包帯などの特徴に気づいたら、静かな場所で個別に話しましょう。クラスを始める前にはつねに、けがや弱い部分がないか、妊娠していないかを参加者に確認します。深刻な問題を抱えている人がいたら、グループではなく個人でレッスンを受けるよう勧めます。グループでは、けがをするリスクがあるからです。

スタジオで個人指導をするときは、最初のセッションでクライアントの評価をすべて終えます（p.228-230を参照）。必要であればクライアントの主治医と連携し、医師のガイドラインに従います。医師とは電話で話すだけではなく、詳しい症状も含めて医療上の推薦事項を書面にしてもらえば、互いの合意事項の証拠になります。深刻なケースの場合は、進捗状況を書面に残し、予後について医師と相談したほうがいいかもしれません。

スタジオ内でクライアントにけがや被害がないようにするのは、あなたの責任です。いかにもつまずきそうなところに器具が置いてあるといった危険がないかどうかを確認し、開講場所ではすべての法や規則を遵守します。私は、ピラーティスの指導者を目指す訓練生には、定評のある救急救命コースを受けて心肺蘇生法を身につけるよう強く勧めています。

倫理規定

ピラーティス・スタジオを訪問するクライアントは、放射線医、外科医、ホメオパス、理学療法士の治療を受けるときと同じように、だれもが同じ水準のケアを受けられると期待してしかるべきです。クライアント、とくに背部や関節に既往症がある人は、ピラーティスの指導者に信頼を寄せてくれます。だからスタジオ内では専門的な雰囲気を保ち、クライアントに安心感を与えましょう。ピラーティス・スタジオで指導者が守るべきだと私が考えている倫理規定を、以下に紹介します。

1. クライアントに害を与えない。
2. プロとしての境界を維持し、不適切な身体接触をしない。相手に触れるときは、まず本人の了解を得ること。
3. 金銭的にも性的にも、クライアントを搾取しない。
4. 必要があれば、医師の診察を受けるようクライアントに告げる。自分の知識がおよばない病状を抱えたクライアントにはレッスンを続けない。
5. どのような理由であれ、クライアントを区別しない。
6. つねにクライアントの秘密を守る。
7. クライアントや同僚に対してつねに気を配り、正直な態度で接し、相手を尊重する。
8. ほかのピラーティス・スタジオのクライアントを引き抜かない。
9. つねにプロらしい服装と行動を心がける。
10. 自分のスキルやトレーニング歴、提供できるサービスについては、決して誤解を与えない。
11. 雇用、経営、財産、健康、安全に関するすべての法を遵守する。
12. つねに知識を広げ、新しいスキルを学ぶ。
13. 食生活でも、サプリメントでも、エクササイズに関してでも、絶対に診断したり、治療法を処方したりしない。
14. 病気やけがを治せると言わない。
15. クライアントのカウンセラーやセラピストの役割を引き受けない。
16. クライアントに次の症状が現れたときは、セッションを中止する。胸の痛み、長引くめまい、心拍数の急な上昇、呼吸困難、意識不明、悪心、視界がぼやける、痛みが続いたり強まったりする、体の協調がいちじるしく低下する。

医療情報開示に関する質問のサンプル

新しいクライアントが来たときに記入してもらう書式の例をあげました。使用する前に、開業する地域の規定を調べ、ほかに質問すべき項目がないかどうかを確認するほか、保険会社の了解も得ておきましょう。クライアントと話すうちに明らかになる情報もあるので、大切だと思ったことは書き留めておきます。

名前：

住所：

電話番号：　　　　　　　　（携帯）　（職場）　（自宅）

Eメール：　　　　　　　　　生年月日：

職業：　　　　　　　　　　　紹介者：

基本的な病歴

身長：　　　　　　　　　　　体重：

喫煙　　　　　　　　　　　　☐ はい　☐ いいえ

以下の症状はありますか。または過去にありましたか。

高血圧	☐ はい	☐ いいえ	心臓病	☐ はい	☐ いいえ
てんかん	☐ はい	☐ いいえ	頭痛	☐ はい	☐ いいえ
糖尿病	☐ はい	☐ いいえ	ぜんそく／呼吸障害	☐ はい	☐ いいえ

現在、処方薬を服用していますか。服用している場合は詳しく記載してください。

☐ はい　☐ いいえ

以下の症状が現在あるか、過去にあった場合は、詳しく記載してください。

首の問題	☐ はい	☐ いいえ
関節の問題	☐ はい	☐ いいえ
背部の問題	☐ はい	☐ いいえ

過去に手術を受けたことはありますか。

現在実践している健康法や運動プログラムがある人は、記載してください。

45歳以上の人は以下の質問に答えてください。

最近、健康診断を受けましたか。	☐ はい	☐ いいえ
受けた人は、結果に満足していますか。	☐ はい	☐ いいえ
最近、骨密度の検査を受けましたか。	☐ はい	☐ いいえ
受けた人は、どのような結果でしたか。		
骨密度の検査を受けたことがない人は、ぜひ受けて下さい。		
かかりつけの医師は運動を推奨していますか。	☐ はい	☐ いいえ

免責条項

[当社／スタジオ *] は、スタジオに持ち込まれた個人の携行品の破損・紛失については一切の責任を負いません。
[当社／スタジオ *] は、[当社／スタジオ *] の意図的な行為、怠慢、不履行によるものであることを証明できない限り、スタジオ内における個人のけがについては一切の責任を負いません。
ピラーティスの用具を使う能力があるかどうかを判断するのは各クライアントの責任であり、クライアントは個人のリスクにおいて用具を使います。

クラス開始の24時間前以降のキャンセルについては、全額を請求させていただきます。

署名：　　　　　　　　　　　日付：

記録の保管

手書きのカードインデックスシステムでも、コンピュータに入力したファイルでも、記録は注意深く管理し、イギリスのデータ保護法の関連条項に気をつけましょう。

マットワーク・クラスの参加者の記録を管理するのは時間がかかる作業ですが、個々のクライアントにとっては貴重な情報であり、けがのないようエクササイズをし、目標を定め、進捗状況を観察する際に役立ちます。また、事故や訴訟が起きた場合には欠かせない証拠にもなるほか、支払い状況の管理にも活用できます。保険会社は記録を9年間保管するよう要求することがあるので、契約した保険会社の要求を確かめておきましょう。

紙に手書きで記録するときは、読みやすい字で書き、記録をつねに更新し、クライアントを担当する従業員以外はアクセスできないところに保管します。火事や洪水で原本が失われる場合に備えて、手間がかかると思えてもバックアップは絶対にとっておきましょう。コンピュータ内部に電子記録を保管している場合は、パスワードを設定して保護します。クライアントが提供した医療情報については、法的に守秘義務があります。イギリスでは1984年のデータ保護法により、記録保管者として登録し、法の条項を遵守しなければなりません。とくに、クライアントの記録を本人の許可なく第三者に譲渡してはいけないことに注意してください。古い記録を破棄するときは、シュレッダーにかけるか燃やすかし、クライアントの秘密を守ります。リサイクル用のゴミ箱につっこんではいけません。

事故の報告と記録

あなたもスタジオ内のインストラクターも、救急救命のコースを受講し、心肺蘇生法の基礎知識を身につけておくべきです。事故があった場合は適切な対応をし、必要であれば救急車を呼びます。それから以下のような事故報告書を作成します。

```
事故の発生日：
事故の発生時間：
クライアント名：
現場にいた指導者名：
事故の内容：
用具が関与していましたか。         □ はい  □ いいえ
ほかに関係者はいましたか。         □ はい  □ いいえ
どのようなけがですか。
どのように対処しましたか。
病院に行く必要がありますか。       □ はい  □ いいえ
```

保険を請求するときに必要かもしれないので、クライアントの記録と一緒にこの報告書をきちんと保管します。マットワーク・クラスでも、個人セッションでも、対応は同じです。

整理整頓 記録を丁寧に保管することで、クライアントの健康問題に気づき、進捗状況をすぐに記録できるようにします。

クライアントの評価

クライアントとの初回のミーティングは、クライアントの能力やエクササイズへの意気込みを見極める大切な機会です。クライアントから見れば、あなたについての印象を定める機会であることもお忘れなく！

クライアントの自宅がスタジオから遠すぎない限り、初回ミーティングに来てもらい、p.226のような医療情報に関する質問に答えてもらうとよいでしょう。クライアントの健康状態全般を理解できるよう、気になることはここで尋ねておきます。深刻な問題がある場合は、クライアントの健康を管理する人に連絡を取ったり、レントゲン写真を見せてもらったりしたいかもしれません。

評価のために来てもらえば、クライアントはついでにスタジオを見学し、仕組みを理解することができます。理学療法士からの照会の場合、クライアントは指導者が積極的に治療してくれるものと期待しているかもしれないので、実際に見てもらったほうがいいでしょう。たとえば私のスタジオでは、クライアントは個人でエクササイズをしますが、近くにいるスタッフが監督をします。最初のセッションには、Tシャツとスパッツや短パン、靴下などの動きやすい格好をして来てもらいます。靴はいりません。

クライアントが初回のセッションに来たときは、スタジオに入るようすを観察します。クライアントの振る舞い、鞄の持ち方、歩き方、立ち方、座り方や立ち上がり方、靴の脱ぎ方などです。正式な姿勢評価をする前に観察をしておくと、姿勢の弱点や非対称性などについて興味深い手がかりを得られるかもしれません。

次に、正式な姿勢評価をします。私のスタジオでは次のチェックリストを使い、姿勢の対称性を診断します。

矢状面／背面
以下の項目のポジションと対称性をチェックします。
- 頭
- 肩
- 肩甲骨
- 腕（長さ、形、体幹からの距離）
- 骨盤
- 殿裂
- 脚の形——外反膝（X脚）か内反膝（O脚）か

以下をチェックします。
- ハムストリングスとふくらはぎの筋の発達
- アキレス腱——直角かどうか
- 足——内反しているか（足底が内向きか）、外反しているか（足底が外向きか）

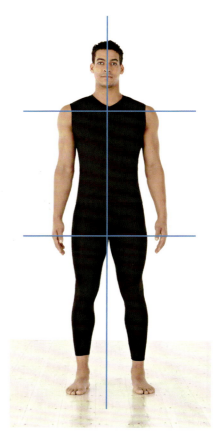

矢状面／前面
鼻、胸骨、恥骨の床に対するアライメントをチェックします。
以下の項目のポジションと対称性をチェックします。
- 頭
- 鎖骨
- 肩（中心線から左右の肩峰までの距離）
- 肋骨
- 骨盤

以下をチェックします。
- 大腿四頭筋の発達
- 膝
- 脚の形
- 足——形、足指の長さ、体重がかかる場所

どこかおかしな点に気づいたら記録し、次に以下をチェックします。

脊柱の可動性

- クライアントの後ろに立ち、床に触れるつもりで軽くロールダウンしてもらいます。背中が安定しないときは、膝を曲げてもらい、可動域を制限します。脊柱の形と動きと、背部の筋の発達をチェックします。脊柱が均等に動いてカーブを描くか、硬い部位があって動きを制限しているかをチェックします。また、脊柱が左か右に傾いているかもチェックします。

- クライアントに膝を曲げてもらい、もう一度立位までロールアップするときに、上記の項目をチェックします
- 立位になり、下部体幹を固定してもらい、上部体幹を伸展します。このとき、あなたが頭を支えなければいけないかもしれません。胸椎の動きを観察します。
- 下部体幹を固定したまま左右にターンしてもらい、脊柱の回旋をチェックします。
- クライアントに、股関節を動かさずに左右に体を傾け、手を脚の外側に滑らせてもらい、両側の側屈をチェックします。

> **注** クライアントの背部やバランスに問題があるときは、椅子に座った状態で上記のチェックをします。とくに問題がないと思うときも、座位で脊柱をチェックする価値はあります。

前頭面

耳、肩、股関節、膝、かかとの前側のアライメントをチェックします（これらが鉛直線上に来るように）
以下をチェックします。

- 脊柱後湾（p.49を参照）
- 脊柱前湾（p.49を参照）
- 骨盤の前傾や後傾（p.31を参照）

股関節と脚の柔軟性

- ハムストリングスの柔軟性をチェックします（ロールダウンのときにわかるかもしれませんが、ストレッチをしてもらえばわかります）。
- 行進するときのように片膝ずつ股関節の高さまで上げてもらい、股関節の屈曲筋と大腿四頭筋の柔軟性をチェックします（バランスをとるために、硬い物につかまらなければならないかもしれません）。
- 股関節窩で大腿を回旋してもらい、外旋できる範囲を確かめます。

股関節と脚の分析　大腿四頭筋と股関節の屈曲筋をストレッチするためには、上側の脚を後ろに曲げて、ゆっくり前にもっていきながら、股関節を押し下げます。股関節がとても硬い人に役立つストレッチです。

バランス

- 右脚でバランスをとってもらってから、左脚でバランスをとってもらい、バランスをテストし、安定度を記録します。片側のほうが簡単にできたかどうかをチェックします。
- 下を見ずに足を反対の足のすぐ前に出し、直線上を歩いてもらいます。これができる人やスタジオの平均台を歩ける人は、骨盤と膝のアライメントが正しく、脚の筋が強いのです。

　非対称の部位や硬い部位に気づいたら、クライアントの名前と連絡先、医療情報を記載した記録にメモします（p.226を参照）。クライアントの健康上の問題を理解したと自信を持って言えるようになったら、初回のレッスンを始めます（p.234-237を参照）。

カイロプラクティックとオステオパシーと理学療法の違い

これら3種類の治療家からクライアントを照会されることもあると思うので、主な違いをここで説明しておきます。カイロプラクターは、脊椎のアライメントを矯正することに焦点をあて、神経系に影響することもある椎骨のサブラクセーションを矯正します。多くの人にとっては、脊椎のマニピュレーションにより、けがやその他の問題を治療することといえるでしょう。オステオパスは全身にアプローチをし、骨、筋、靱帯、関節を対象にして痛みや不快感の原因を探り、体のアライメントを取り戻し、体が自己治癒できるようにします。理学療法士は硬くなった領域に手技を施します。TENS（経皮的電気神経刺激）や超音波と組み合わせることもあるほか、患者が自宅でできるようエクササイズを処方します。

マットワーク・クラスの運営

地元のジムでも、公民館の一室でも、クラスを開くときは計画的にプロらしく運営し、参加者全員のニーズに配慮しましょう。

マットワークのクラスには6-8人が参加するのが理想的で、10人を超えるのはよくありません。参加者には6-10週間のコースに登録してもらい、飛び入り参加がない形でクラスを運営してみましょう。こうすれば参加者全員の達成度がそろうので、段階的にコースの難易度を上げる計画を立てることができます。

クラスに使う部屋は十分に換気し、快適な室温を保ちましょう。クライアント1人ひとりにマット1枚とたたんで使うためのタオル数枚があると理想的です。参加者全員があなたを見て、あなたの声を聞けるようにクラス内の配置を決めましょう。実演するときは、自分ではなく生徒にやってもらい、自分は周囲のようすに気を配ります。ある程度健康そうな人を事前に見つけておき、実演を手伝ってくれないか、個人的に頼んでおきましょう。クラス内では全員の動作を修正し、話しかけます。個人セッションほど1人にかかわることができなくても、クラス内では各個人のニーズをつねに意識します。

上達が早い人向けにエクササイズを掘り下げすぎてはいけませんし、上手くできない人に時間をかけすぎればほかの人が退屈します。クラス中に、セッション後にはなんでも相談にのれること、クラスを長時間中断することはできないことをきちんと説明しましょう。

クライアントには、「間違っていること」を指摘するばかりではなく、よい点を伝えます。ある生徒がある動きでつまずいているときは、同じ結果を得られる別の方法を教えますが、相手に挫折感を与えてはいけません。うまくできない人ははげまし、クラス終了後に気分よく帰れるよう、そしてなんらかの達成感を得られるようにするのです。

新しいグループで行う最初のクラスでは、コアの強化や体を長くすることに注力し、姿勢をテーマにします。初心者にお勧めの計画についてはp.234-237を参照してください。各筋群を使うプログラムを組み立てれば、姿勢がよくなったことをだれもが実感できます。それ以降のクラスでは、同時に2つ以上の筋群を使う、難易度の高いエクササイズを順次取り入れます。半仰向け、うつぶせ、側臥位、座位の4つのポジションのいずれかから始まるエクササイズを、グループ単位でまとめます。そうすれば、クライアントは立ったり座ったりせずにすみます。どのエクササイズも、流れるように次のエクササイズに移行させます。

上級コースを開くときは、取り入れるエクササイズを事前に計画しますが、計画通りに進めなければいけないとは思わないでください。気が乗らない日や、グループの大半にできないエクササイズがあるときは、調整しましょう。どのクラスも変化に富ませ、クライアントになんらかの課題を与え、集中力をとぎれさせないようにします。クライアントがうまくできたときにはたっぷり褒めて、はげますことを忘れずに。

モデルになる生徒 マットワーク・クラスでは、実演してくれる人を選んでおきます。そうすれば、ほかの人たちの動きに注目できるからです。

クライアントとの関係

クライアントとは友好的に接するべきで、
ピラーティス・スタジオの外で個人的な話（家族や休暇や仕事の話など）を
してもかまいませんが、クライアントを友だちだと考えるのは間違いです。
クライアントを効果的に指導するためには、プロとしての一定の距離が必要だからです。

ときにはクライアントやほかの人の安全のために、有無を言わさずクライアントを従わせなければならないこともあるでしょう。セッションのキャンセルが遅れた（あるいは無断欠席した）ために料金を請求しなければならないこともあるでしょう。医師と患者のような距離感を保っておくと、このような状況に対応しやすくなり、性的な誤解が生じにくくもなります。この仕事はクライアントに触れる機会があるので、誘惑しているのではないかと疑われてはいけません。

レッスン開始前はいつも、クライアントにその日の調子を尋ねましょう。そうすれば、何か問題があったときにワークアウトを修正できます（よく眠れずに疲れている、生理痛がある、具合が悪い、めまいがする、めずらしく激しい活動をしたせいで姿勢に問題があったり筋肉痛があったりするなど）。胸の痛みなど、自分の手に負えない深刻な問題があったときは、かかりつけの医師か救急サービスに照会するだけでなく、エクササイズをさせてはいけません。

クライアントと親しくなるにつれ、クライアントの理解力を把握できるようになり、指示の難易度をクライアントに合わせて調整することができます。クライアントとは、ピラーティス・セッションの短期的目標と長期的目標の両方を話し合いましょう。そして、一定の成果を上げることを視野に入れながら、クライアントの進捗状況を記録します。また、達成度についても話し合い、

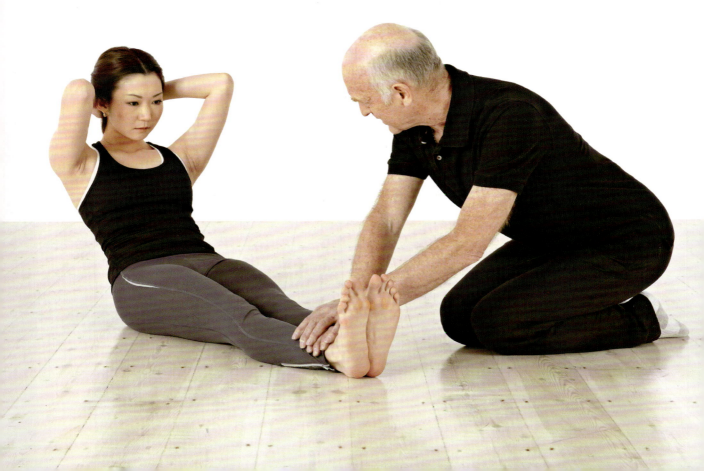

クライアントとの関係　233

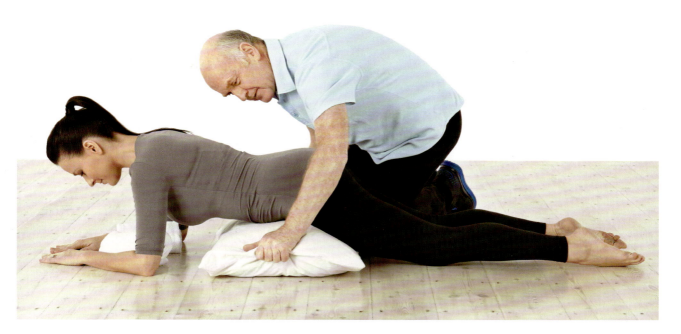

上：プロらしい活動　クライアントに触れる前には、一声かけましょう。触れるときは自信をもってプロらしく触れ、敏感な領域は避けます。

前ページ：観察が決め手　クライアントのワークをよく観察しましょう。ミスアライメントがあれば修正し、クライアントが指示を理解したかどうかを確かめます。

今後の課題について合意を得ます。数セッションに1度は目標を見直し、達成度を評価し、新しい目標を設定するべきかどうかを考えましょう。

　何週間か継続するなかで、クライアントの目標達成を阻む悪い習慣や動きのパターンを見つけ、それらを健康的な習慣に変える方法を説明します。必要であれば、スタジオの環境を調整します。たとえば、明るさを調整すればうまくいくか、騒音を減らしたほうがいいか、個人的に話したほうがいいか、クラスで話したほうがいいか、あるいは自宅でできるプログラムを教えたほうがいいか、といったことです。

　毎回同じルーティンを繰り返して、クライアントに楽をさせすぎてはいけません。人にはそれぞれ好きなエクササイズがあるものですが、固定したパターンからクライアントを引き出すのです。新鮮な気持ちで練習できるように新しいエクササイズを紹介し、クライアントに課題を与え、居心地のいいゾーンから引き出しましょう。クライアントは、あなたが提案したエクササイズをすべてやり終えられるよう、自分でスタジオ内での時間管理ができなければいけません。

　以下のような状況になったときは、つねに全項目を評価し直し、最新の病歴を記録し、新しいピラーティス・プログラムを組み立てます。

- 病気や事故、けがのあと
- クライアントが1カ月以上スタジオに来なかったとき
- 妊娠など、身体的な変化のあと

　クライアントとはなんでも話し合いましょう。クライアントが自分の上達に責任をもてるよう助けるのも、あなたの仕事の一部だからです。

言葉と触覚の手がかり

レッスン中はクライアントをよく観察し、わずかなミスアライメントも見逃さないようにします。温かく、はげますような声音で、腹筋をもう少し深くえぐるように、あるいはもう少しカールアップするように、と促します。新しい動きやコンセプトは自分で実演してもかまいませんが、クライアント自身がその感覚をつかむ必要があります。クライアントがある筋群を使えるようにするためには、そのスポットにしっかり触れるのが最も効率がいい場合もあります。そのときはまず、体に触れることをクライアントに伝え、理由も説明します。ターゲットの筋に2点で直接触れ、そこを見つけられるようにし、どうやって、どこにその筋を動かすかを伝えます。敏感な場所は触れないほか、なでたり叩いたりしてもいけません。また、スタジオでは立っているときも歩いているときも、つねに自分が手本であることを忘れてはいけません。前かがみになったり、片側に体重をかけたり、脚を組んで座ったりしてはいけないのです！

初心者向けのプログラム

ピラーティスを始めたばかりの人は、ポジションをチェックし、呼吸パターンを習得し、適切な筋群を見つけて使えるようにするために、たくさんの情報を受け取らなくてはなりません。最初のセッションに簡単な姿勢のワークアウトを取り入れると、やることの多さに圧倒されることなく、ピラーティスの基本の一部を理解できるでしょう。

私が初心者に教えるときは、ジョゼフ・ピラーティスの信条や哲学について講義するのではなく、とにかく仰向けになってもらい、半仰向けのポジション(p.57を参照)を説明し、足、骨盤、脊椎、頭、首の正しいポジションを感じてもらいます。脊椎のミスアライメント(p.49-50を参照)がある場合は、この段階でサポート用に枕を使うかどうかを決めます。次に、コントロールした呼吸をし、息を吸ってお腹に空気を入れてから、腹筋を使ってその空気を押し出してもらい、次に息を吸って肋骨の間に空気を入れてもらいます。このようにして、スタティック・アブ(p.58を参照)に進みます。

最初のセッションでは、わかりやすいイメージを伝え、やさしい話し方をして参加者をはげましてください。コアの強さという概念を紹介し、脊椎を長くすると考えるよう、クライアントに伝えます。しかし、話しつづけなければならないと思う必要はありません。クライアントが筋の動きを自分で見つけることに集中するためには、静かな時間が必要だからです。

クライアントがワークをするとき、あらゆる角度から観察し、非対称なところはないか、間違った場所に力が入っていないか、注意します。「違う」、「正しくない」などの言葉は使いません。つねに前向きな表現を心がけ、クライアントの動きを修正する必要があるときは前向きな言い方にします。たとえば「いいですね。それでは肩の力を抜いて、床につけてみましょう」と言うのです。具体的に、わかりやすく伝えましょう。

体が弱い人や高齢者

ここで紹介する初心者向けのワークアウトは、病気やけがが、手術から回復中の人や、加齢により体力や柔軟性が衰えた人にも適しています。しかし、必ず個々人が抱える問題を聞き取ってください。このようなクライアントは、最初はクラス単位ではなく、個人ベースで指導するほうがよいでしょう。そうはいっても、大半の40代よりも体調がいい80代のクライアントもいます。

次のページに、初回のワークアウトに勧めるエクササイズのリストを紹介します。クラスの参加者全員分のスツールがないときは、座位での上部体幹のエクササイズの代わりにライイング・トライセップ(p.131を参照)やライイング・ペック(p.134-135を参照)を入れてかまいません。ただし、ウェイトは使わないこと。各エクササイズを10回、ゆっくりと丁寧に繰り返すことを目標にします。

初回のセッションは1時間以内に収めます。終了時には、コアの強さや長くすることに集中するように、というメッセージを強調し、次回以降のセッションでは引きつづきこれらの達成に努めることを説明しましょう。

初心者向けの2回目以降のセッションの計画

2回目のセッションでは、初回と同じエクササイズを入れながらも、新しいエクササイズも取り入れて、腰椎を動かします。どのクラスでも、最初は基礎的な姿勢のウォームアップを行い、ルーティンの一部に組み込みます。それから、最初のクラスと同じように、同じ筋群を使うエクササイズを選び、クライアントの体力をつけるようにします。クラスの人数分のバランスボールがあるときは、「腹筋を使ってボールを転がす」(p.91を参照)とストレートレッグ・ヒップ・ロール(p.92を参照)、ベントレッグ・ヒップ・ロール(p.93を参照)を取り入れてかまいません。バランスボールがないときはスモール・ヒップ・ロール(p.109を参照)を入れます。2回目のセッションでは、ペルビック・ティルト(p.60-61を参照)、オブリーク・チェスト・リフト(p.82を参照)を紹介してもよいでしょう。初心者向けには、1クラスあたり10種類のエクササイズで十分です。初心者はゆっくりワークし、筋が動く感覚をつかめるようにしなければならないからです。

どのセッションでも、深部の腹筋群、連続的な脊椎の動き、背部の伸展、胸を開くことに焦点をあてたエクササイズを取り入れましょう。特に弱い部分があるクライアントと個人レッスンをするときは、そこに焦点をあてたエクササイズを2-3種類選びますが、コアを強化するワークも取り入れます。あるいは、クラ

初心者向けのワークアウト

スタティック・アブ (p.58を参照)

アッパー・トルソ・リリース (p.62-63を参照)

チェスト・リフト (p.81を参照)

グルテアル・スクイーズ (p.72を参照)

ハムストリング・カール (p.74-75を参照)

アロー (p.76-77を参照)

シッティング・アダクター (p.138を参照)

ショルダー・シュラッグ (p.121を参照)

シッティング・ラッツ (p.123を参照)

アーム・オープニング (p.124-125を参照)

2回目以降のクラス

腹筋を使ってボールを転がす (p.91を参照)

ストレートレッグ・ヒップ・ロール (p.92を参照)

ベントレッグ・ヒップ・ロール (p.93を参照)

スモール・ヒップ・ロール (p.109を参照)

ペルビック・ティルト (p.60-61を参照)

オブリーク・チェスト・リフト (p.82を参照)

修正版スイミング (p.73を参照)

スごとに骨盤、脚、上部体幹、腹筋、背部など特定の領域に集中してもかまいません。（腹筋のお勧めのワークアウトはp.80-89、脚のお勧めのワークアウトはp.136-143に紹介しています）。上腕二頭筋と上腕三頭筋のように反対の筋群をワークし、主動筋と拮抗筋の概念を紹介しましょう。毎回、エクササイズの内容と、クラス（あるいは個々のクライアント）がどれくらい簡単にそのエクササイズを達成できたかを記録します。こうすれば、エクササイズのバリエーションを増やし、さらに難易度の高いものに進める時期を判断できます。

クライアントがいつからハンドウェイトやアンクルウェイトを使えるか、リフォーマーを使えるか、といった判断は個々に行いますが、クライアントのコアが十分に強化され、さまざまな動きをするなかでも骨盤の安定性や脊椎の自然なカーブを維持できなければいけません。自宅でも練習すれば早く上達することや、日常生活でも腹筋を使うようにすれば習得のスピードが速まることを伝えましょう。

初心者の姿勢の問題の修正

なんらかの身体的な問題があるクライアント向けにプログラムを計画するときは、その状態が体のほかの部分にどう影響しているかを評価することがとても重要です。たとえば、足首、膝、股関節に問題があり、松葉杖や杖を数週間ほど使っていた場合、クライアントの歩き方は変わり、全身の筋のバランスが崩れているはずです。根本的な問題に取り組むのは大切なことですが、影響を受けているほかの部位にも注意を向けましょう。姿勢の悪さ、運動パターンの悪さ、過使用による筋のバランスの崩れが原因の場合、全体像をつかんでおく必要があります。

姿勢の問題の大半にはp.235の初心者向けワークアウトを使うことができますが、以下のように修正しましょう。脊椎が自然なカーブを描くようにクッションを入れ、クライアントが動く前に骨盤がニュートラルになっているかどうかをチェックします。

脊柱後湾

毎回、アロー（p.76-77を参照）、キャット（p.117を参照）、座位の上部体幹のエクササイズ（p.120-129を参照）など、脊椎を伸展するワークを取り入れます。数レッスン行い、腹筋が強くなったら、ドッグ（p.118-119を参照）とコブラ（p.78-79）も入れます。

腰の前湾

エクササイズのたびに半仰向けの腹筋のエクササイズ（p.80-89を参照）に焦点をあて、腹筋を強化し、ペルビック・ティルト（p.60-61を参照）など腰椎の屈曲を使うエクササイズを入れます。レッグ・スライド（p.66-67を参照）などのように股関節屈曲筋を鍛えるエクササイズも取り入れ、つねに殿筋、ハムストリングス、内転筋、広背筋を使います。

首の前湾

後湾のアドバイスに従うほか、固い領域をストレッチします。

スウェイバックした脚

殿筋、ハムストリングス、内転筋、ふくらはぎのほか、コアを強化する筋のワークをします。ハムストリング・カール（p.74-75を参照）、グルテアル・スクイーズ（p.72を参照）、シッティング・アダクター（p.138を参照）、レッグ・スライド（p.66-67を参照）を使います。最後に、ふくらはぎをストレッチします（p.149を参照）。

フラットバック

全身を強化するワークをします。フラットバックの人には、初心者向けの基礎的なワークアウトが適切です。

肩こり

クライアントが広背筋と下部・中部僧帽筋を使い、上部僧帽

脊柱後湾のエクササイズ

アロー（p.76-77を参照）

キャット（p.117を参照）

座位の上部体幹のエクササイズ（p.120-129を参照）

ドッグ（p.118-119を参照）

コブラ（p.78-79を参照）

筋を下ろせるよう助けることに集中します。座位の上部体幹のエクササイズ（p.120-129を参照）を行い、ウィンドミル（p.64-65を参照）と腕を回して胸を開く（p.100-101を参照）を取り入れます。胸を開くためにはライイング・ペック（p.134-135を参照）も効果的です。P.145の肩の背面のストレッチなどのストレッチをしてから、エクササイズを終えます。次ページ以降、下背部痛（p.238-239を参照）、股関節の不調（p.240-241を参照）、膝の不調（p.242-243を参照）がある人向けに組み立てたワークアウトを紹介します。

腰の前湾のエクササイズ

半仰向けの腹筋のエクササイズ
（p.80-89を参照）

ペルビック・ティルト（p.60-61を参照）

レッグ・スライド（p.66-67を参照）

スウェイバックした脚のエクササイズ

ハムストリング・カール（p.74-75を参照）

グルテアル・スクイーズ（p.72を参照）

シッティング・アダクター（p.138を参照）

レッグ・スライド（p.66-67を参照）

ふくらはぎのストレッチ（p.149を参照）

肩こりのエクササイズ

座位の上部体幹の
エクササイズ
（p.120-129を参照）

ウィンドミル（p.64-65を参照）

ライイング・ペック（p.134-135を参照）

腕を回して胸を開く
（p.100-101を参照）

肩の背面のストレッチ
（p.145を参照）

下背部に不調がある人向けのプログラム

腰椎は上体の全体重を支えているので、
8割以上の人が一生のどこかで腰痛を経験するという統計は、
驚くことではないのかもしれません。

　下背部痛の原因の大半は、悪い姿勢が何年もの間に習慣化したことにあります。体をひねって座ったり、重い物を持ち上げるときに脊椎に負荷をかけたり、ハイヒールを履いて骨盤を傾けていても、いつもは何もなかったかもしれません。ところがあるとき、問題が起きるのです。車の後部座席からバッグを取ろうと後ろを向いたり、掃除機をかけたり、スーパーのガタついたカートを押そうとしたりしたとき、急に刺すような痛みが走るのです。一度下背部痛を経験すると、その部位をよくケアしない限り、再発する可能性があります。

　昔の医者は、背部痛がある人はベッドで安静にするよう指示しました。しかし医療が進んだ今はたいていの場合、簡単なエクササイズと（おそらく）抗炎症薬を勧めるでしょう。ピラーティスは、痛めた領域を負荷をかけずに強化できるので、理想的です。

　下背部痛がある人は、エクササイズを始める前に、骨盤のアライメントが正しいかどうかを確認します。コアを安定させ、腹壁を強化するためにワークし、次ページのワークアウトのように腰椎をやさしくストレッチします。腰椎の周囲は筋が固くなっているので、腰椎を伸展しすぎないようにしましょう。

　椎間板が脱出した人や椎間板ヘルニアの人を指導するときは、脊椎の強い回旋や強い屈曲、ストレート・レッグ・リフトは避けます。コアが強化されていれば、上部体幹を慎重に屈曲しても、腹筋を鍛えることができます。座位や立位では脊椎に重力による圧がかかるので、横になってエクササイズをするのが最適です。うつぶせのときは、つねに胃の下に枕を宛てて背部を支えます。

　脊椎すべり症（脊椎が不安定で、脊椎前面がずれる）や狭窄（脊髄や神経管が狭まる）の人は、アローやコブラなど、脊椎の伸展を含むエクササイズはすべて避けてください。

　骨粗しょう症の人は、エクササイズ中、とくによく気をつけてください。脊椎の強度の屈曲、回旋、側屈は避け、胸部の伸展に焦点をあてます。ゆっくりと、コントロールしながら屈曲する際に役立つので、筋力とバランスの強化を目指してワークしましょう。

　クライアントが脊柱後湾の場合、p.236のアドバイスに従い、エクササイズ中は脊椎を支えるために枕を用意します。

　ワークアウトのときは、よく観察して、何をするか選びましょう。快適に感じられる可動域を見つけ、痛みがあった場合はすぐにエクササイズを中止します。

エクササイズの禁忌

事故に遭った直後で下背部に痛みがあり、事故が原因で骨折や椎間板ヘルニアなどを発症する可能性があるクライアントは、指導してはいけません。50歳以上のクライアントにはとくに注意が必要です。骨粗しょう症の人や、がん治療の経験者、坐骨神経痛や高熱など関連する徴候がある人の場合、エクササイズ前に専門医に相談するよう伝えましょう。背部痛が6週間以上も続き、改善の兆しがないときは、医師の診察を受けてもらうべきです。医療の専門家が下背部痛の原因を診断したら、医師と連携して、どのタイプのエクササイズが最も効果的か相談しましょう。

下背部のワークアウト

スタティック・アブ（p.58を参照）

レッグ・スライド（p.66-67を参照）

ウィンドミル（p.64-65を参照）

グルテアル・スクイーズ（p.72を参照）

ハムストリング・カール（p.74-75を参照）

修正版スイミング（p.73を参照）

スモール・ペルビック・ティルト（p.60を参照）

アーム・オープニング（p.124-125を参照）

シッティング・アダクター（p.138を参照）

キャット（p.117を参照）（筋力がついたと思ったとき）

ドッグ（p.118-119を参照）（筋力がついたと思ったとき）

チェスト・リフト（p.81を参照）

バック・ストレッチ（p.89を参照）

股関節に不調がある人向けのプログラム

股関節は大きな臼状関節です。関節の表面が軟骨で覆われ、靱帯で連結されているので、骨同士がこすれることはありません。しかし、経年変化で摩耗したり、リウマチを発症したり事故で骨折したりすると、関節表面が劣化することがあります。

股関節は、50歳までには、ある程度摩耗しているでしょう。バレエやラグビーなど強い衝撃を伴う活動をしてきた人はなおさらです。股関節の痛みが強く、日常生活にも支障を来すようになった場合、医師は表面置換型人工股関節置換術や人工股関節置換術を勧めるかもしれません。どちらも現代においてはごく一般的で、成功している手術です。

クライアントに人工股関節置換術を受ける予定がある場合、事前に股関節周囲の筋構造を強化しておくことは理にかなっており、以下のワークアウトが役立つでしょう。手術後は、クライアントが医師からエクササイズ再開の許可を得てから、動きの少ないワークをしましょう。このときクライアントには、以下の点に注意してもらいます：

- 正中線を越えて脚を内転しない
- 脚を組んで座ると関節がはずれることがあるので、脚を組まない
- 股関節を90度以上屈曲しない
- 股関節を内旋しない。痛みがない限り、外旋はしてかまわない。ターンをするときは、足の母指球に乗ってくるりと回るのではなく、小さくステップを踏む

表面置換型人工股関節置換術は、その名が示すとおり、大腿骨頭を残しながらも、関節内側の表面を補強します。この手術は通常、骨が丈夫な若い患者に行います。しかし、ヘルスケアの専門家から特段の指示がない限り、結局は人工股関節置換術を受けた患者と同じく、上記のアドバイスに従わなければなりません。

関節炎

変形性関節炎では、機械的な摩耗の結果、関節の変性がゆっくりと進行します。一般的に、朝起きるときに最も関節が硬くなります。関節炎の患者は、痛めた関節にさらに負荷をかけるような衝撃度の高いエクササイズは避けるべきです。しかし、やさしく、衝撃度の低い運動を選んで、少なくとも1日1回、全可動域を通るように関節を動かすほうがよいでしょう。エクササイズの前後には、「ウォームアップ」と「クールダウン」のために時間をかけて関節をストレッチします。セッション後、2時間たってもひかない痛みがあるときは、やりすぎているので、次回はセッションの時間を短くしますが、運動の範囲は維持するようにしましょう。

関節リウマチは全身性疾患で、関節の間の結合組織が炎症を起こします。急に再発したときは、腫れた関節を動かせる限界までストレッチしたり、消耗するほどエクササイズをしたりしてはいけません。症状が治まるまでは、コアの安定性と、影響のない領域に焦点をあてましょう。

足のドーミング

足を強く、柔軟に保つために、このエクササイズを定期的に行いましょう。足を床につけて座り、体重を足の三角形に均等に分散します（p.49の囲み記事を参照）。かかとの位置を維持したまま、つま先を後ろに滑らせ、足の上部がアーチを描くようにします。つま先が丸まって下になってはいけません。5秒間ホールドしてから、繰り返します。

立位での大腿筋膜張筋のストレッチ

背筋を伸ばして立ち、手を腰にあて、右足を交差して左足の後ろにもっていきます。股関節を水平に保ったまま、左に体を傾けると、右股関節にストレッチを感じます。右足をさらに交差させ、足の側面で立ちます。30秒間ホールドしてから、反対側でも繰り返します。

股関節を強化するワークアウト

グルテアル・スクイーズ（p.72を参照）

ハムストリング・カール（p.74-75を参照）

シッティング・アダクター（p.138を参照）

アウター・サイ・リフト（p.102を参照）

足を曲げ伸ばしして、ふくらはぎをワークする

ストレートレッグ・ヒップ・ロール（p.92を参照）

チェスト・リフト（p.81を参照）

ペルビック・ティルト（p.60-61を参照）

ブリッジ（p.68-69を参照）（ただし小さく）

シッティング・ラッツ（p.123を参照）

両側の大腿四頭筋のストレッチ（p.148を参照）

オブリーク・チェスト・リフト（p.82を参照）

膝に不調がある人向けのプログラム

私たちが走ったりジャンプしたりするとき、体の主な緩衝器として働くのは膝です。
だから、運動しすぎたときの単純な筋肉痛から、靭帯や腱の断裂まで、
膝にはさまざまなけがが起きる傾向があると聞いても驚きはしません。

膝は体内で最も複雑な関節です。大腿骨、脛骨、腓骨、膝蓋骨が出会い、脛大腿関節の内側と外側の連結、そして大腿膝蓋関節という、3つの異なる連結でつながれているからです。これらの連結は、強い靭帯で関節包の内外から支えられており、大腿骨顆と脛骨顆の間には繊維質の半月板があります。膝の主な動きは屈曲と伸展ですが、膝が屈曲しているときはある程度の内旋と外旋ができます。また、膝周辺の筋は固定筋としてとくに重要な役割を果たします。

膝周辺の筋、とくに屈曲筋（ハムストリングス）と伸筋（大腿四頭筋）の筋力のバランスを保ち、関節に不均等な力がかからないようにすることは、きわめて重要です。足の問題にも気をつけましょう。体重を足に均等にかけないと、膝に不均等に負荷がかかるからです（p.47を参照）。

膝のけがは、ツイストをするときによく起きます。おそらく、ターンがおかしくなり、大腿が回旋するときに足と脛骨のポジションが固まっているのでしょう。こうなると膝の靭帯（とくに前十字靭帯と内側側副靭帯）や半月板内側にけがをします。サッカー選手は走ったり、ツイストしたり、蹴る動作をしたりするため、とくに膝を故障しやすいのです。

膝関節に重度の疾患などがあった場合は、外科的に人工膝関節に置き換えるでしょう。断裂したりずれたりした膝の軟骨は、鍵穴手術で形を整えます。手術前後のケアでは、クライアントの主治医のアドバイスに従いましょう。膝の筋を均等にリハビリテーションし、バランスを保つようにします。

膝になんらかの損傷があるときは、以下の動きに注意してください。

- スクワットのポジションで行動する
- 足をストラップに入れてワークする
- 脚のウェイトを使う
- リフォーマーのスプリングに抵抗してワークする
- 膝を正しいアライメントから引っ張り出すような動き

膝をけがしたクライアントには、以下の行動をとらないよう警告しましょう:

- 座るときに脚を組む
- 固い表面のうえに膝をつく
- 脚下部を外側に広げて膝をつく
- スクワットしてから、急に立ち上がる
- 平らでない地面を走る
- 足裏にスパイクがついたスポーツシューズを履く
- ハイヒールを履く

大腿四頭筋と殿筋のバランスをチェックし、弱いほうのエクササイズ回数を増やし、いずれは筋力が均等になるようにします。内側広筋が弱く、外側の大腿四頭筋（大腿直筋と外側広筋）が硬いことが多いので、硬いと感じる部位はストレッチをしましょう（p.148-149を参照）。あるいは、麺棒や棒を脚の外側に転がしてもかまいません。そうすると、筋が硬い領域に痛みを感じるので、どこが一番硬いかがすぐにわかります。ゆっくりと行えば、筋をゆるめるのに役立ちます。

クライアントに跛行があったり、松葉杖や杖を使ったりしていると、体全体に影響がおよびます。体幹を強化し、片側性を治す、やさしい姿勢のワークアウトをするよう指導しましょう。

エクササイズの禁忌

クライアントの膝が強く痛み、体重をまったくかけられないときは、すぐに医師の診断をあおぐこと。膝でクリック音がするときに痛むときや（痛みのないクリック音は問題ありません）、膝がすぐに崩れるとき、膝がロックしてしまうときも、専門家の助けを借りましょう。膝が変形して見え、ひどく腫れて赤くなり、触れると熱いときも、医師の診察を受けるようクライアントにアドバイスします。膝の痛みが3日以上続くときも、専門家に意見を求めるべきです。上記のような場合、医療の専門家から許可を得ない限り、クライアントにエクササイズをさせてはいけません。

膝を強化するワークアウト

グルテアル・スクイーズ
(p.72を参照)

ハムストリング・カール(p.74-75を参照)

アロー(p.76-77を参照)

シッティング・アダクター
(p.138を参照)

クアドリセップ(p.139を参照)

チェスト・リフト(p.81を参照)

オブリーク・チェスト・リフト
(p.82を参照)

ペルビック・ティルト(p.60-61を参照)

シェル(p.99を参照)

座位のお尻のストレッチ
(p.149を参照)

立位のハムストリングスと
内転筋のストレッチ
(p.149を参照)

座位の内転筋の
ストレッチ
(p.149を参照)

ふくらはぎのストレッチ
(p.149を参照)

腹筋のクラス

このワークアウトは、ピラーティスを数週間は実践し、ある程度しっかりとコアが強化できた人向けに組み立てています。難易度が1、2段階上がることでしょう。

これら上級のエクササイズを始める前には、コアを強く鍛えておき、要求された筋群を正確に、流れるように働かせられなければなりません。この段階になれば、クライアントはピラーティスの原則をすべて活用しなければなりません。セッションの上級の項に行く前には、丁寧なウォームアップが欠かせません。

さらに上級のエクササイズでは、あるステップがうまくできないことがあります。そんなときは、エクササイズを成分ごとに分解し、何が起きているかを分析しましょう。そこが体の弱い部分かもしれないし、単に集中力が切れただけかもしれません。問題のある領域だけに働きかけると、成果が上がり、達成感も得られます。

太りすぎのクライアントを指導する

太りすぎのクライアントは、健康的な体重の人よりも、ピラーティスのコツをつかむのがむずかしいかもしれません。たるんだ筋は整った筋より反応が鈍く、脂肪層の間で線維の働きを感じるのもむずかしいからです。太りすぎのクライアントの場合、腹筋が弱くて脊椎が前に引っ張られていると、腰椎が前湾しやすい傾向があります。セッションのたびに腹筋のワークをし、自宅でも時間を見つけて腹筋のエクササイズをするよう、クライアントに伝えましょう。また、脂肪を燃やすためにどんな有酸素運動ができるかも話し合います。よい点は、クライアントがかなり早くに変化を実感できることです。ジョゼフ・ピラーティスは、彼のエクササイズを始めた人は、10回セッション後には違いを実感し、20回セッション後には変化を目で見て、30回セッション後には新しい体を手に入れると言いました。ですが私の経験上、必要なセッションの回数は人によります。

コアの強さ
腹筋のエクササイズはどれもまず5回繰り返してから、10回まで増やします。すぐに目に見える違いが現れるでしょう。

腹筋のワークアウト

チェスト・リフト（p.81を参照）

オブリーク・チェスト・リフト（p.82を参照）

スモール・ヒップ・ロール（p.109を参照）

ラージ・ヒップ・ロール（p.110を参照）

側臥位でのストレート・レッグ・リフト（p.104-105を参照）

ロールアップ（p.154-155を参照）

シングル・レッグ・ストレッチ（p.172-175を参照）

ダブル・レッグ・ストレッチ（p.176-177を参照）

ロールオーバー（p.162-163を参照）

ハンドレッド（p.152-153を参照）

クリスクロス（p.88を参照）

両側の大腿四頭筋のストレッチ（p.148を参照）

背筋と腹筋のストレッチ（p.147を参照）

脚のワークアウト

私たちが歩いたり、ジャンプしたり、日常生活を送ったりするときは、脚が荷重を支えています。
だから、体のほかの部分が弱くても脚だけは強いということはあり得ます。
しかし、脚は均等に強化しなければなりません。
バランスが悪いと、骨盤や脊椎に緊張が伝わるからです。

週末ごとに何キロも走っている、サッカーやスカッシュをやっている、あるいは毎日通勤するときに15km自転車に乗っている、だから自分はとても健康だ、と考えているクライアントをよく見かけます。しかし、床までロールダウンしてもらうとき、そういう人は指先が膝までしか届きません。立位のハムストリングスのストレッチや内転筋のストレッチ（p.149を参照）など、ハムストリングスのストレッチをやってもらうと、足指の近くにまで手は届かないはずです。大腿四頭筋を鍛えすぎている人は、ハムストリングスが硬くなっていることがよくあります。すると骨盤が後傾し、下部脊椎が平らになり、膝と股関節が緊張するため、さまざまな問題が起きるのです。大腿四頭筋が発達しすぎているのにハムストリングスや内転筋が弱いと、鼡径部のけがも起きやすくなります。脚を鍛えすぎているときは一般に、ハムストリングスが硬く、股関節屈曲筋が硬く、下背部に影響がおよび、骨盤が引っ張られてアライメントから外れているものです。

脚のワークアウトの項で紹介するエクササイズは、脚を全体的に強くするために均等にワークアウトするよう作ってありますが、大腿四頭筋より内転筋とハムストリングスに焦点をあてています。脚に焦点をあてたワークアウトを月に1回以上はやるべきです。クライアントのバランスが悪いと感じるときは、回数を増やしましょう。インストラクターは、動きが対称かどうか、両脚の運動量が同じかどうかを注意深くチェックし、セッション後はつねにストレッチを取り入れましょう。

ランニング

ランニングにはクラブの会員資格も特別な道具も必要ないので、最も人気の高い有酸素運動と言えるでしょう。しかし、ランニングは心臓や肺にはよくても、関節にはそれほどよくありません。姿勢に問題がある人がランニングをすると症状が悪化することがあるので、ランニング後にいつも痛みがある人は、ピラーティスのインストラクターか理学療法士に身体検査をしてもらいましょう。ランニングの専門家に走りを見てもらうのも一案です。脚の長さの左右差、足のプロネーション、硬いハムストリングス、脊柱前湾などがあると、ランニングのスタイルに影響が出ます。ランニングの前後にはいつも、ハムストリングス、大腿四頭筋、大腿筋膜張筋、下背部を正しくストレッチするよう心がけましょう。

脚のバランスを整えるワークアウト

チェスト・リフト（p.81を参照）

オブリーク・チェスト・リフト（p.82を参照）

ペルビック・ティルト（p.60-61を参照）

脚のワークアウト

グルテアル・スクイーズ
(p.72を参照)

ハムストリング・カール（p.74-75を参照）

アロー（p.76-77を参照）

修正版スイミング（p.73を参照）

シッティング・アダクター
(p.138を参照)

デベロッペ（p.140-143を参照）

シングル・ストレート・レッグ・ストレッチ
(p.174-175を参照)

レッグ・プル・フロント
(p.202-203を参照)

レッグ・プル・バック（p.204-205を参照）

片側の大腿四頭筋のストレッチ
(p.148を参照)

両側の大腿四頭筋のストレッチ
(p.148を参照)

座位の股関節のストレッチ（p.148を参照）

股関節、お尻、腰筋のストレッチ
(p.148を参照)

立位のハムストリングスと
内転筋のストレッチ（p.149を参照）

ふくらはぎのストレッチ（p.149を参照）

妊娠中のピラーティス

妊娠中や出産後は、時期に応じてさまざまなガイドラインが適用されますが、ピラーティスは大半の女性にとって安全で役に立つエクササイズであり、筋緊張を取り戻し、出産後に体型を戻しやすくしてくれます。私のトレーニングコースでは、キャロライン・アンソニーが著書"The Pilates Way to Birth"で解説している手順に従っています。不安な人は、クライアントのかかりつけの助産師や医師に確認しましょう。以下に、著書の概要を紹介します。

妊娠初期

ある程度以前からピラーティスを実践していて、コアがしっかり安定しているクライアントは、妊娠12週目まで安全にピラーティスを続けることができます。しかし、ピラーティスをこれから始めようという人には、妊娠中期まで教えてはいけません。関節をいっぱいまで屈曲したり伸展したりするエクササイズや、深いストレッチ、ウェイトによる抵抗は避けましょう。クライアントのお腹が出てきて、うつぶせになると不快に思うようになったら、うつぶせの姿勢はやめます。ペルビック・ティルトやチェスト・リフトのほか、上体の回旋や引き戻しを促すエクササイズ、姿勢のバランスの維持に役立つエクササイズをし、足首の腫れや静脈瘤を予防するために脚のエクササイズに集中しましょう。

妊娠中期

クライアントの体重が増えると重心が前・上方に移動し、姿勢筋群が緊張します。胸が重くなると肩が前に突き出て、筋が短縮し、頸椎が前湾してきます。妊娠すると腹筋が伸ばされるため、腹直筋が離開し、背中と骨盤が十分に支えられず、腰椎が大きく前湾することがあります。恥骨結合や仙腸関節はゆるみ、動きやすくなります。恥骨結合に痛みがあるときは、側臥位のエクササイズ、内転筋のストレッチ、スクワットは避けましょう。

腹筋の強化に集中します。妊娠30週までは半仰向けや仰向けになってかまいませんが、クライアントは立位でのペルビック・ティルトや座位の上部体幹のエクササイズ、手と膝をついた姿勢でのストレッチのほうを好むかもしれません。座位で足にタオルなどを巻く、ハムストリングスのストレッチもできます。

妊娠後期

30週を過ぎたら、股関節の外転はやめます。また、仰向けになると下大静脈を圧迫するリスクが多少はあるので、この姿勢も避けます。呼吸のエクササイズ、リラクセーションのテクニック、立位の姿勢のエクササイズ、足のエクササイズ、立位のペルビック・ティルト、座位のハムストリングスのストレッチ、座位の上体や脚のエクササイズに集中しましょう。

出産後

やわらかい靱帯は正常に戻るまでに6カ月かかります(母乳を授乳している場合はそれ以上)。この期間は関節がまだ弱いので、深いストレッチや抵抗を加えたエクササイズは避けましょう。帝王切開をした女性は、わずかながら塞栓のリスクがあるため、手術後6週間までは手と膝をついた姿勢をとらないようにします。出産後のクライアントはみな膣脱のリスクがあるので、産後12週目までは重い物を持ち上げたり、いきんだりすべきではありません。骨盤底のエクササイズは定期的に続けましょう。

出産の翌日から、軽いスタティック・アブをさまざまな姿勢で(p.58、98、116を参照)やってかまいませんし、スモール・ペルビック・ティルト(p.60を参照)は骨盤の安定性を高めます。授乳したり赤ん坊を抱いたりするときにいい姿勢を保てるよう、姿勢のエクササイズに集中しましょう。

エクササイズの禁忌

妊娠中に以下の症状がある人は、エクササイズを避けましょう。腎臓や心臓、肺の問題。糖尿病。甲状腺の不調。流産や早産、子宮頸管無力症の経験。膣出血や羊水流出。高血圧。多胎児の妊娠。胎盤の異常。貧血や血液の機能障害。急な痛み。胎児の動きが減る。胎児が28週以降も骨盤位の場合。クライアントに心拍数の急速な上昇、動悸、息切れ、めまい、意識不明、膣からの羊水流出や出血があった場合は、すぐにエクササイズを中止します。セッションは1時間以内とし、スタジオ内の室温が上がりすぎないよう注意しましょう。

とても健康な人向けの上級ワークアウト

どのようなエクササイズ体系でも、変化や上達した感覚がなければ、長期的に興味を保つことはできません。筋は一定レベルの活動には慣れてしまうので、筋を強化するには新しい課題を取り入れる必要があるのです。

私のスタジオには、上級のクライアント向けの基礎的なプログラムがあります。各自が自分でエクササイズをこなしますが、インストラクターが歩き回って監督をしたり修正をしたりします。とはいえ、私たちは2-3週間ごとに新しいエクササイズを紹介したり、既存のエクササイズに新しい動きを入れる方法を教えたりします。上級者は、まったくの初心者と同じマットワーク・エクササイズもしますが、心身ともに型にはまらないよう、改善したり修正を入れたりするのです。せっかくスタジオに来たのに、ピラーティスとはまったく違うことを夢想しながらできる程度の簡単なエクササイズをやるようではいけません。初心者でも上級者でも、ワークアウトに全思考を集中させてほしいのです。

ピラーティスを始めると、数カ月で腹部が平らになり、あちこちの筋が引き締まるので、その効果は明らかです。姿勢を改善し、コア筋を強化すると、わずかなうずきや痛みは消えます。しかし、ルーティンの難易度を高めないまま時間がたつと、学習曲線のプラトーに達し、体に目立った変化を感じられなくなります。このような状態になる前に、ピラーティスのインストラクターが新しい課題を紹介するべきです。能力の違う生徒が混じったマットワーク・クラスでこれを行うのはむずかしいでしょう。だから可能であれば初級、中級、上級のクラスに分けたほうがいいのです。

クライアントが1年以上ピラーティスを継続していて、本書のプレピラーティスの項の基礎を自信をもって実践できるのであれば、コアが強化され、けががない限り、以下のワークアウトを試してみるとよいでしょう。

上級者向けのワークアウト

オリジナルの34のマットワーク・エクササイズ（p.150-219を参照）のなかから12種類を選びます。屈曲、伸展、回旋の動きを含めるようにしましょう。エクササイズはどれも、流れるように次のエクササイズにつながるようにします。エクササイズ中は呼吸パターンに集中し、できるところまでやってみます。12種類すべてを終えたら、p.144-149のストレッチのなかから、最も強くワークした部位向けのストレッチを選びます。

クライアントが自信をもって12種類のエクササイズをこなせるようになったら、さらにいくつか追加します。あわててすべてのエクササイズをこなすことより、気持ちを集中させることのほうが大切です。外からの影響で集中をとぎれさせることなく、各エクササイズを全身の運動として扱うよう、クライアントをはげましましょう。

運動のバリエーションを増やそう

ピラーティスか有酸素運動を1日おきに1時間、あるいは短いセッションを毎日20-30分ずつするとよいでしょう。毎回同じルーティンを繰り返していると、飽きてしまうばかりか、要求に筋が慣れてしまい、進歩しなくなります。週に2回、1時間のピラーティスを行うのであれば、セッションごとにまったく違うルーティンをしてはいかがでしょうか。ある日は腹筋と背筋に集中し、別の日は脚と腕に集中する、といった具合です。有酸素運動の場合もいろいろな種類を混ぜ、毎回公園をランニングするだけにならないようにします。自分と同じようなレベルの人とテニスなどの球技をするのも楽しいでしょう。体の一部分だけではなく全身を使うようにすれば、高齢になっても強く、健康でいられる可能性が高まります。

上級者向けのワークアウト：34のなかから選びます

1. ハンドレッド（p.152-153を参照）

2. ロールアップ（p.154-155を参照）

3. ネック・プル（p.156-157を参照）

4. スパイン・ツイスト（p.158-159を参照）

5. ソウ（p.160-161を参照）

6. ロールオーバー（p.162-163を参照）

7. ローリング・ライク・ア・ボール（p.164-165を参照）

8. オープンレッグ・ロッカー（p.166-167を参照）

9. ティーザー（p.168-169を参照）

10. レッグ・サークル（p.170-171を参照）

11. シングル・レッグ・ストレッチ（p.172-173を参照）

12. ダブル・レッグ・ストレッチ（p.176-177を参照）

13. スパイン・ストレッチ・フォワード（p.178-179を参照）

14. コークスクリュー（p.180-181を参照）

15. スイミング（p.182-183を参照）

16. 修正版スワン・ダイブ（p.184-185を参照）

とても健康な人向けの上級ワークアウト **251**

17. シングル・レッグ・キック(p.186-187を参照)

18. ダブル・レッグ・キック(p.188-189を参照)

19. シザーズ(p.190-191を参照)

20. バイシクル(p.192-193を参照)

21. ショルダー・ブリッジ(p.194-195を参照)

22. ジャックナイフ(p.196-197を参照)

23. サイド・キック(p.198-199を参照)

24. 腕を伸ばしたヒップ・ツイスト(p.200-201を参照)

25. レッグ・プル・フロント(p.202-203を参照)

26. レッグ・プル・バック(p.204-205を参照)

27. ニーリング・サイド・キック(p.206-207を参照)

28. サイド・ベンド(p.208-209を参照)

29. ブーメラン(p.210-211を参照)

30. シール(p.212-213を参照)

31. コントロール・バランス(p.214-215を参照)

32. プッシュアップ(p.216-217を参照)

33. クラブ(p.218を参照)

34. ロッキング(p.219を参照)

ピラーティスの未来

ピラーティスはつねに変化し、発展しています。
リハビリテーションを目的としたおだやかな方法から、
努力を要する難易度の高い方法まで、やり方もさまざまです。
学ぶべきことはつねにあるので、ピラーティス指導者として認定されたからといって、
この先ずっと安心して仕事を継続できると思ってはいけません。

前にも説明しましたが、私はジョゼフ・ピラーティスが20世紀前半に開発したエクササイズを活用し、21世紀の現在にクライアントが経験する身体的、機械的な問題に合わせて変えてきました。ピラーティスも、生きていれば同じことをしたはずです。ピラーティスというテクニックの統一性は維持しつつ、ピラーティスの信条にクライアントを合わせるのではなく、クライアントのニーズにピラーティスを合わせてきたのです。

ものごとにはつねに改善の余地がありますし、私のスタジオでは訓練生やインストラクターに、筋を働かせる新しい手法を開発したり、既存のエクササイズを調整して今以上に効率を上げたりするよう指導しています。だれかが新しいアイデアをもってきたときは、みなでそれを試します。そして自分たちで効果を確かめたうえで、クライアントとも試してみるのです。ピラーティスが今もなお発展を続け、さまざまなアプローチをとる余地が

あるという点が、私はとても好きなのです。

　何十年もの間、私はさまざまな運動の流派、とくにアレクサンダー・テクニークと太極拳からインスピレーションを得てきました。ピラーティスの教え方との違いや、ピラーティスを補う部分について知るために、みなさんもいくつか試してはいかがでしょうか。個人的に気に入っている運動について、以下に簡単に解説します。

アレクサンダー・テクニーク

　1890年代、フレデリック・マサイアス・アレクサンダーという俳優は、舞台に上がるといつも声がかすれることに気づき、このテクニークを開発しました。彼は、正しくない姿勢をとっているために脊椎のカーブがゆがみ、上体の筋が短縮し、硬くなることに気づいたのです。そこで、子供たちが自由に、柔軟に、生き生きと走るようすを観察し、大人たちは何年も間違った体の使い方をした結果としてその能力を失ったのだと論じました。そして、日常的に体を支えたり、使ったりする方法を修正すれば、背部痛や関節痛、頭痛、消化系の不調、呼吸器系の問題、そしてさまざまな慢性的な不調を緩和することができると主張したのです。

　今日、アレクサンダー・テクニークを学ぶと、座位、立位、横になるとき、歩くときに体のアライメントを整える方法を一から教わります。そして悪い習慣を見つけて修正し、職場でも家庭でも、この手法を日常的に取り入れるよう勧められるでしょう。私はコントラクティブ・レスト（建設的な休息）がとくに好きです。半仰向けになり、頭蓋底の下に本を1冊入れ、微調整をして脊椎のアライメントを完璧にするのです。

　アレクサンダー・テクニークは、俳優やパフォーマーの間では今も人気があり、ピラーティスを補完する理想的な運動といえます。

フェルデンクライス

　モシェ・フェルデンクライスは物理学者、技術者、そして柔道の指導者でした。彼は若い頃に膝を痛めたせいで、次第に体が言うことをきかなくなっていきました。1940年代には、二度と歩けないだろうと医師たちから宣告されるほどでした。手術を勧められましたが、手術が成功するかどうかは定かではありません。そこでフェルデンクライスは解剖学、生理学、工学の知識を動員し、自分なりに問題を解決しようとしました。そうして見つけた答えが、ホリスティックで分析的な体系です。生徒は習慣的に繰り返している動きを意識するよう教えられます。「動きを通しての気づき（ATM）」クラスでは、生徒は正しいプロセスについて考え、想像することで、正確な動きを実現するよう指導されます。最初は単純な動作ですが、徐々に身体的な難易度が高まります。個人セッションでは、プラクティショナーが「機能の統合（FI）」と呼ばれるテクニックを使い、クライアントがもっと自由に動けるよう助けてくれます。

　フェルデンクライスは、さまざまな機械的問題が原因で生じる慢性痛の治療に役立ちます。また、動きを意識することを強調し、意識を集中させる点は、ピラーティスで私たちが教えていることと、とてもよく似ています。

太極拳

　太極拳は中国の武術です。健康と幸福を高めるための完璧な心身の訓練法として、5000年以上前にある僧侶が考案したと言われています。128種類の形があり、とてもゆっくりとした意図的な動きを通じて、体の周りの気（生き生きとしたエネルギーの力）の流れからブロックを取り除きます。重力に反して筋をストレッチしたり働かせたりするので、体力とバランスのためにとても役立ちます。形を正しく実践すると（どれも30分ほどかかります）、深い呼吸、完璧なアライメント、ゆっくりとした反復、集中した瞑想が伴います。ピラーティスと同じく、太極拳をするときは体がしていること以外を考えることはできません。

ヨーガ

　ヨーガは古代インドの治療法で、静的なエクササイズ（ポーズ）、深い呼吸、リラクセーションを土台として、筋を強く、長くし、心・体・精神全体のバランスを整えることを目的としています。ヨーガにはいくつか流派があります。とても活発な有酸素運動もあれば、おだやかで瞑想に似たものもあります。ストレスの副作用に苦しむ人にとくに効果的で、ぜんそく、鬱、不安の軽減にも役立ちます。私は、ときどきヨーガのポーズを取り入れています。コブラ(p.78-79を参照)は、もとはヨーガのポーズでしたが、ピラーティス流の呼吸や筋のコントロールのために取り入れました。

　私は従業員にも訓練生にもクライアントにも、さまざまな運動体系やテクニックを試してみるよう勧めています。ピラーティスは排他的な体系ではありません。ほかの運動と協力したり比較したりすることは、すべての人のためになります。病気やけがの因果関係についてはつねに新しい医学研究の成果が発表されるので、単独で成立する治療体系はありません。私たちは、体を強くする方法をつねに探し求め、クライアントが高齢になっても柔軟でけがのない体を保てるよう努めなければなりません。この探求の旅に、読者のみなさんが加わってくれることを強く願っています。

よく観察し、学ぶこと　ピラーティスを教えていると、毎日新しい課題に直面します。いつも気合いを入れておかなければならないのです！

参考文献

Anthony, Carolynne, *The Pilates Way to Birth Book*, 2008
Isacowitz, Rael, *Pilates*, 2006
Isacowitz, Rael, and Clippinger, Karen *Pilates Anatomy*, 2011
Jarmey, Chris *The Concise Book of Muscles*, 2003
Jarmey, Chris *The Concise Book of the Moving Body*, 2006
Johnson, Jane *Postural Assessment*, 2012
Johnson, Jane *Therapeutic Stretching*, 2012
Pilates, Joseph *Your Health*, 1934
Pilates, Joseph *Return to Life Through Contrology*, 1945
Siler, Brooke *The Pilates Body*, 2000

便利なウェブサイト

私自身のウェブサイト、www.alanherdmanpilates.co.uk には、私が運営する指導者養成プログラムの情報のほか、ロンドンにあるスタジオの地図も掲載しています。

キャロライン・アンソニーは産前産後向けのピラーティスのトレーニング・プログラムとワークアウトを開発しました。詳しくはhttp://thecenterforwomensfitness.com/をご覧ください。

www.pilatesanytime.com のサイトもお勧めです。このサイトには専門家が開発した何百種類ものワークアウトが掲載されており、月々わずかな会費で閲覧することができます。エクササイズの所要時間はさまざまで、道具を使うものも使わないものもあるほか、3つのレベルが設定されています。一般的なクラスにも、特定の領域に焦点を絞ったクラスにも使えます。

解剖学については、以下のサイトが役立ちます。
www.innerbody.com/htm/body.html
www.instantanatomy.net/

道具に関しては、バランスドボディ社を推奨します。
www.pilates.com/BBAPP/V/index.html

セント・ジョン・アンビュランスによる応急手当の訓練コースについては以下をご覧ください。
www.sja.org.uk/sja/training-courses.aspx

索引

あ

足 47
　足の筋 35
　足の重心が異なる 51
　足のドーミング 240
　回外 25
　回内 25
　屈曲 25
　ポイント 25
脚 136
　脚の筋 34-35
　脚の左右差 50
　脚のワークアウト 246-247
　クアドリセップ 139
　シングル・レッグ・キック 186-187
　シングル・レッグ・ストレッチ 88, 172-175
　スウェイバックの脚 49, 236, 237
　ストレート・リフト 84-85
　スモール・レッグ・サークル 86-87, 170
　側臥位のストレート・レッグ・リフト 104-105
　ダブル・レッグ・キック 188-189
　ダブル・レッグ・ストレッチ 176-177
　デベロッペ 140-143
　ハムストリング・カール 74-75
　レッグ・サークル 86, 170-171
　レッグ・スライド 59, 66-67
　レッグ・プル・バック 204-205
　レッグ・プル・フロント 202-203
頭 38, 39
アレクサンダー・テクニーク 253
アロー 76-77
衣服 16, 19
ウィンドミル 64-65
ウェイト 130
　シッティング・デルトイド 133
　シッティング・バイセップ 132
　ライイング・トライセップ 131
　ライイング・ペック 134-135
ウェストと下背部のストレッチ 146
ウェストのストレッチ 146
動きのタイプ 22-24
　足 25
　肩 24
　手 25
　流れるような動き 13
うつぶせのエクササイズ 70-77
　うつぶせ 71
腕
　アーム・オープニング 124-125, 126
　筋 40, 41
　シッティング・バイセップ 132
腕を回して胸を開く 100-101
お尻のストレッチ 148, 149
オステオパシー 230
オブリーク・チェスト・リフト 15, 82, 88
オープンレッグ・ロッカー 166-167

か

回旋筋のストレッチ 146
回旋、内旋と外旋 24
解剖学的ポジション 21
カイロプラクティック 230
鏡 13
肩 46, 236-237
　腕を回して胸を開く 100-101
　下制 24
　肩の前面と胸のストレッチ 145
　肩の高さが異なる 51
　肩の背面のストレッチ 145
　挙上 24
　筋 40-41
　後退 24
　シッティング・デルトイド 133
　シッティング・ラッツ 123
　ショルダー・シュラッグ 121
　ショルダー・ブリッジ 194-195
　前進 24
　ソラシック・エクステンション 126-127
　ピロー・スクイーズ 122, 137
　ライイング・ペック 134-135
体の平面 20-21, 228-229
関節 27, 46
　椎間関節 30
関節炎 240
外転 23
キャット 117
キャデラック 19
休息とリラクセーション 17
筋 15, 32-33
　肩、腕、手 40-41
　下部体幹と脊椎 36-37
　筋の働き 33
　筋の付着 33
　股関節、脚、足 34-35
　骨盤底 36
　上部体幹、首、頭 38-39
クアドリセップ 139
　片側の大腿四頭筋のストレッチ 74, 148
　両側の大腿四頭筋のストレッチ 148
屈曲 22
首 38, 39, 46
　首のストレッチ 144
　ネック・プル 156-157
クライアントとの関係 232-233
　言葉と触覚の手がかり 233
クライアントの評価 228
　体が弱い人や高齢者 234
　体の平面 228-229
　股関節と脚の柔軟性 230
　脊椎の可動性 229
　バランス 230
　太りすぎのクライアント 16, 46, 244
クラブ 214
クリスクロス 88
コアの強さ 12, 244
　ツイスト 106-107
　肘を曲げたサイド・リフト 103
股関節
　腕を伸ばしたヒップ・ツイスト 200-201

索引

股関節、お尻、腰筋のストレッチ 148
股関節に不調がある人向けのプログラム 240-241
股関節の筋 34-35
座位の股関節のストレッチ 148
ストレートレッグ・ヒップ・ロール 92
ベントレッグ・ヒップロール 93
呼吸 13, 16, 42-43
呼吸筋 39
呼吸とストレス 42
呼吸のスタイル 44
呼吸法を学ぶ 45
スカーフに向けて側方呼吸をする 45
背中に息を入れる 45
ピラーティスの呼吸 44
呼吸器系 42-43
コサック・アーム 129
骨格系 26-31
骨盤 31
 後傾 31
 骨盤底 36
 シングル・レッグ・ヒップ・ロール 112-113, 148
 スモール・ヒップ・ロール 109
 前傾 31, 46
 ニュートラルのポジション 31
 ブリッジ 68-69
 ペルビック・ティルト 60-61
 ラージ・ヒップ・ロール 110
 レイズド・ヒップ・ロール 111, 146
コブラ 78-79, 147
コントロール・バランス 216-217
コークスクリュー 180-181

さ
サイド・キック 198-199
サイド・ベンド 103, 208-209
産後のエクササイズ 248
座位の上部体幹のエクササイズ 76, 120-129
シェル 99
初心者向けのプログラム 234-236
 姿勢の問題の修正 236-237
伸展 22
軸骨格 26, 28
事務仕事 52-53
ジャックナイフ 15, 196-197
上級者向けのワークアウト 249-251
上部体幹 38, 76, 120
 アロー 76-77
 アーム・オープニング 124-125, 126
 ウィンドミル 64-65
 腕を回して胸を開く 100-101
 コサック・アーム 129
 シッティング・ラッツ 123
 ショルダー・シュラッグ 121
 上部体幹のリリース 62-63
 ソラシック・エクステンション 126-127
 ソラシック・サイド・ベンド 128
 ピロー・スクイーズ 122, 137

上腕三頭筋
 上腕三頭筋のストレッチ 145
 ライイング・トライセップ 131
シザーズ 15, 190-191
姿勢 46-47
 座位 52
 姿勢の問題 49-51
 初心者の姿勢の問題 236-237
 日常的な動作が脊柱に影響する 51
 ライフスタイルを調整する 52-53
 立位 48
シュメリング、マックス 9, 10
シール 212-213
睡眠 17
スイミング 182-183
 修正版スイミング 73
スウェイバックの脚 49, 236, 237
ストレス 42
ストレッチ 144-149
 ウェストと下背部のストレッチ 146
 ウェストのストレッチ 146
 回旋筋のストレッチ 146
 片側の大腿四頭筋のストレッチ 74, 148
 肩の前面と胸のストレッチ 145
 肩の背面のストレッチ 145
 下背部のストレッチ 147
 首のストレッチ 144
 股関節、お尻、腰筋のストレッチ 148
 座位のお尻のストレッチ 149
 座位の広背筋のストレッチ 147
 座位の股関節のストレッチ 148
 座位の内転筋のストレッチ 149
 上腕三頭筋 145
 手首の屈筋のストレッチ 146
 背筋と腹筋のストレッチ 147
 バック・レスト 119
 ふくらはぎのストレッチ 149
 腰筋のストレッチ 74, 147
 立位の大腿筋膜張筋のストレッチ 240
 立位のハムストリングスと内転筋のストレッチ 149
 両側の大腿四頭筋のストレッチ 148
スポーツ 47
スモール・レッグ・サークル 86-87, 170
スワンダイブ 15, 184-185
生活全体からのアプローチ 16-17
脊髄 30
脊柱後湾 46, 49, 236
脊柱前湾 47, 49, 108, 236, 237
脊柱側湾 47, 50, 51
脊椎 29
 キャット 117
 筋 36-37
 上前腸骨棘 (ASIS) 31
 スパイン・ストレッチ・フォワード 178-179
 スパイン・ツイスト 158-159

脊椎の可動性 229
ドッグ 118-119
日常的な動作が脊柱に影響する 51
ブリッジ 68-69
ソウ 160-161
側臥位のエクササイズ 96-107
 側臥位 97
側屈 22
ソラシック・サイド・ベンド 128

た
太極拳 253
体肢骨格 26, 28
体操 9, 10
大腿
 アウター・サイ・リフト 102, 138
 ソラシック・エクステンション 126-127
 ブリッジ・オン・ア・ボール 94-95
ダンス 9-10
チェスト・リフト 81, 152
 オブリーク・チェスト・リフト 15, 82, 88
椎骨 29
 椎間関節 30
ツイスト 106-107
手
 回外 25
 回内 25
 筋 41
 手を組む 53
ティーザー 168-169
手首の運動 53
手首の屈筋のストレッチ 146
手と膝をついたエクササイズ 114-119
 手と膝をついたポジション 115
 手と膝をついたポジションのスタティック・アブ 116
デベロッペ 140-141
 後ろへのデベロッペ 143
 側臥位のデベロッペ 141-142
 前へのデベロッペ 143
殿筋
 グルテアル・スクイーズ 15, 50, 72
 シェル 99
トラペーズ・テーブル 19

な
内転 23
内転筋
 アダクター・スクイーズ 137
 シッティング・アダクター 15, 138
 ストレッチ 149
妊娠 248
ニーリング・サイド・キック 206-207

は
ハイヒール 46, 51
背部 36
 アロー 76-77
 ウェストと下背部のストレッチ 146

エクササイズの禁忌 108, 110, 238
下背部に不調がある人向けのプログラム 238-239
下背部のストレッチ 147
修正版スイミング 73
背中に息を入れる 45
背筋と腹筋のストレッチ 147
背部痛 30, 46, 47
バック・ストレッチ 89
バック・レスト 119
運ぶ 46, 47, 53
ハムストリングス 34
 ハムストリング・カール 74-75
 ブリッジ・オン・ア・ボール 94-95
 立位のハムストリングスと内転筋のストレッチ 149
半仰向けのエクササイズ 56-69
半仰向け 57-59
半仰向けの腹筋のエクササイズ 80-89
ハンドレッド 152-153
バイシクル 192-193
バランスドボディ 19
バランスボールを使ったエクササイズ 90
 ストレートレッグ・ヒップ・ロール 92
 腹筋を使ってボールを転がす 91
 ブリッジ・オン・ア・ボール 94-95
 ベントレッグ・ヒップロール 93
膝
 エクササイズの禁忌 242
 膝の筋 35
 膝の不調 242-243
肘を曲げたサイド・リフト 103
ヒップ・ロール・エクササイズ 108
 シングル・レッグ・ヒップ・ロール 112-113, 148
 スモール・ヒップ・ロール 109
 ラージ・ヒップ・ロール 110
 レイズド・ヒップ・ロール 111, 146
ピラーティス、ジョゼフ 8-9, 38, 44, 88
 Return to Life Through Contrology 11
 Your Health 10-11, 16
 アメリカへの移住 10-11
 戦間期 9-10
 第一次大戦 (1914-1918) 9
ピラーティスのエクササイズ 11, 15, 18-19, 55, 151
 腕を伸ばしたヒップ・ツイスト 200-201
 主な原則 12-13
 オープンレッグ・ロッカー 166-167
 クラブ 214
 コントロール・バランス 216-217
 コークスクリュー 180-181
 サイド・キック 198-199
 サイド・ベンド 103, 208-209
 シザーズ 15, 190-191
 修正版スワンダイブ 15, 184-185
 ショルダー・ブリッジ 194-195

シングル・レッグ・キック 186-187
シングル・レッグ・ストレッチ 88, 172-175
ジャックナイフ 15, 196-197
シール 212-213
スイミング 182-183
スパイン・ストレッチ・フォワード 178-179
スパイン・ツイスト 158-159
ソウ 160-161
ダブル・レッグ・キック 188-189
ダブル・レッグ・ストレッチ 176-177
ティーザー 168-169
ニーリング・サイド・キック 206-207
ネック・プル 156-157
ハンドレッド 152-153
バイシクル 192-193
ブーメラン 15, 210-211
プッシュアップ 218-219
レッグ・サークル 86, 170-171
レッグ・プル・バック 204-205
レッグ・プル・フロント 202-203
ロッキング 215
ローリング・ライク・ア・ボール 164-165
ロールアップ 154-155
ロールオーバー 162-163
ピラーティスの開業 221, 222
　医療情報開示に関する質問 226
　記録の保管 227
　健康と安全 225
　購入すべきマシン 222
　事故の報告と記録 227
　場所の選定 223
　保険 223
　マットワーク・クラスの運営 231
　マーケティング 224
　倫理規定 225
ピラーティスの未来 252-253
ピラーティス・ユニバーサル・リフォーマー 19
ピロー・スクイーズ 122, 137
フェルデンクライス 253
ふくらはぎのストレッチ 149
腹筋 36
　オブリーク・チェスト・リフト 15, 82, 88
　クリスクロス 88
　コブラ 78-79, 147
　スタティック・アブ 58, 59, 116
　ストレート・リフト 84-85
　スモール・レッグ・サークル 86-87, 170
　側臥位のアブ 98
　チェスト・リフト 81, 152
　手と膝をついたポジションのスタティック・アブ 116
　背筋と腹筋のストレッチ 147
　背筋のストレッチ 89
　腹筋のクラス 244-245
　腹筋を使う 59
　腹筋を使ってボールを転がす 91
　ブリッジ・オン・ア・ボール 94-95
　リバース・カール 81, 83
腹筋を使ってボールを転がす 91
太りすぎのクライアント 16, 46, 244
フラットバック 50, 236
フレッチャー、ロン 10, 11
ブリッジ 68-69
ブリッジ・オン・ア・ボール 94-95

分回し運動 23
ブーメラン 15, 210-211
プッシュアップ 218-219
骨 26

ま
マシン 19, 222
マットワーク 19, 151, 231
もちあげる 46, 47, 53

や
有酸素運動 16-17
腰筋のストレッチ 74, 147
　股関節、お尻、腰筋のストレッチ 148
用語 20-21
ヨーガ 253

ら
ライフスタイルを調整する 52-53
ラダー・バレル 19
ランニング 246
理学療法 230
リバース・カール 81, 83
ロッキング 215
ローリング・ライク・ア・ボール 164-165
ロールアップ 154-155
ロールオーバー 162-163

Picture credits

All photographs are by Russell Sadur for Octopus Publishing with the exception of the following:

8 left Michael Rougier/Time & Life/Getty Images; 8 right I C Rapoport; 9 Gamma-Keystone via Getty Images; 10 Conde Nast Archive/Corbis; 16 Michael Keller/Corbis; 17 left & right iStockphoto/Thinkstock; 18 left Joan Glase/Corbis; 18 right Jupiter Images/Thinkstock; 30 below Ocean/Corbis; 33 stihii/Shutterstock; 42 TongRo Images/ Thinkstock; 44 right iStockphoto/Thinkstock; 47 below George Doyle/Thinkstock; 51 Creatas Images/Thinkstock; 222 Jupiter Images/ Thinkstock; 231 Westend61 GmbH/Alamy

Illustrations on pages 218–219 and 251 are by Grace Helmer. All other illustrations © Octopus Publishing Group.

The Complete Pilates Tutor

プロフェッショナル ピラーティス

発　行　2015年1月15日
発行者　吉田　初音
発行所　株式会社 ガイアブックス
　　　　〒107-0052 東京都港区赤坂1-1-16 細川ビル
　　　　TEL.03 (3585) 2214　FAX.03 (3585) 1090
　　　　http://www.gaiajapan.co.jp

Copyright GAIABOOKS INC. JAPAN2015
ISBN978-4-88282-925-6 C2077

落丁本・乱丁本はお取り替えいたします。
本書を許可なく複製することは、かたくお断わりします。
Printed in China

著　者　**アラン・ハードマン** (Alan Herdman)
ロンドン・スクール・オブ・コンテンポラリー・ダンスの元ダンサー兼指導者で、ピラーティス専門家として世界的に名を馳せる。現在、世界各地でピラーティスの指導にあたるほか、ロンドンにみずからのスタジオを構えている。著書に『ピラーティス』『暮らしの中のピラーティス』(いずれもガイアブックス)など多数。

翻訳者　**池田　美紀** (いけだ みき)
東京大学文学部卒業。出版翻訳および吹替翻訳を手掛ける。訳書に『最新ニューロマスキュラー・テクニック』『オステオパシーの内臓マニピュレーション』(いずれもガイアブックス)など。